KB211247

양육리더가
꼭 알아야 할
5가지 원리

양육 · 훈련 목회 전문사역자
강명옥 전도사 시리즈 2

양육리더가
꼭 알아야 할
5가지 원리

강명옥

국제제자훈련원

추천사

주님의 크신 이름을 위해

저자는 개인적으로 복음을 전한 많은 경험을 가지고 있다. 남녀는 물론이고 청장년을 가리지 않고 주님이 문을 열어 주시면 복음을 들고 달려갔다. 또한 전도하는 데 그치지 않고 그들이 그리스도의 일꾼으로 잘 세워지고 세상을 변화시키는, 세상 속의 빛과 소금이 되도록 애써 왔다. 그 가운데 몇 가지를 여기서 공개하고 있다. 그 내용을 읽으면 복음을 전하고 그리스도의 일꾼으로 세우는 주체가 사람이 아니라 성령이라는 사실을 느끼게 된다. 성령이 주시는 것이 아니면 달리 설명할 수 없는 지혜와 담대함이 여기저기에서 번득인다.

저자는 자신이 경험한 생생한 사례를 제시하는 데 그치지 않고 초신자들을 어떻게 말씀으로 양육할 수 있는지를 친절하게 설명하고 있다. 사람마다 개성과 환경이 다르다. 그러므로 전도와 양육의 대상을 예민하게 분석해서 적절하게 영적인 처방을 해주는 일은 매우 가치 있는 작업이 아닐 수 없다.

본서를 양육리더들이 읽으면 더할 수 없이 좋을 것이다. 주님을 영접하기 전의 자기 모습을 다시 한번 거울로 비춰 보듯 볼 수 있고 초신자를 성숙한 그리스도인으로 인도하는 데 큰 도움이 될 것이기 때문이다. 그리고 전도에 남다른 관심을 가진 분들이 읽는다면 큰 도전을 받을 뿐 아니라 매우 값진 지혜를 얻게 될 것이다.

몹시 분주한 교회 사역자의 손에서 이런 글이 나온다는 것은 절대로 쉬운 일이 아니다. 사역현장에서 자칫 영원히 묻혀 버릴 수 있는 은혜의 보석들을 새삼 갈고 닦아서 내어 놓는 것이기 때문이다. 그리고 여러 번 주저하다 하나님의 뜻인 줄 알고 겸허하게 순종하는 저자의 아름다운 마음이 담겨 있기 때문이다.

할 수 있으면 많은 분들이 읽고 서로 권했으면 좋겠다. 그렇게 되면 많은 사람의 심령에서 복음의 능력과 구원의 감격이 새삼스럽게 흘러 넘치고 어린아이 신앙에 그친 자들을 그리스도의 장성한 분량에 이르기까지 변화시킬 수 있을 것이다. 주님의 크신 이름을 위해 사람을 세우는 일보다 귀한 일이 또 있겠는가? 비그리스도인을 그리스도인으로, 연약한 그리스도인을 성숙한 그리스도의 일꾼으로 변화시키는 본서를 추천하는 바이다.

옥한흠

저자 서문

저녁에는 울음이 깃들일지라도
아침에는 기쁨이 오리로다. 시편 30:5b

몇 년 전 어느 날, 전파를 통해 복음을 전하며 연약한 자들을 세우는 극동방송 프로인 "생명 있는 사람들"의 PD의 요청으로 방송을 통해 새신자 상담 양육을 하면서 그 동안 인연되었던 사람들의 이야기보따리를 하나씩 풀어놓게 되었습니다.

제가 만난 사람들의 대부분은 번민과 고통 속에서 잿빛 현실의 무게 때문에 아파하는 사람들이었습니다. 저는 그분들의 시린 상처에 잔잔한 위로가 되기를 바라는 마음으로 80여 회 방송을 했는데, 그 내용이 책이 되어 세상의 수면 위로 떠오르게 되었고, 부족하지만 많은 독자들의 사랑을 받았습니다.

이 책의 초판이 나온 뒤로 저는 독자들이 좀 더 쉽고 친근하게 읽어서 개인전도와 양육의 지침으로 삼았으면 하는 마음을 가지게 되었습니다. 그러다가 저의 새가족 모임 경험기가 새가족에게 꼭 가르쳐야 할 5가지 원리라는 제목으로 빛을 보게 된 데 맞춰 초판의 얼개를 뜯어내고 이렇게 저렇게 다듬고 손보고 하는 대대적인 리모델링 공사를 시작했습니다. 오래 전 출간한 책을 이렇게 다시 손봐 출간하는 게 괜찮은 일인지 고민이 됐지만, 제법 읽을 만한 모습으로 아담하게 다듬어진 책을 보면서, 이런 유의 책이 흔하지 않을뿐더러, 그 내용이 전부 저의 실제 경험에 바탕을 두고 있다는 점에서 모종의 용기를 내 이 책을 세상에 다시 내보냅니다.

이 책이 읽혀지는 모든 사람들에게 사람을 건지는 책, 사람을 살리는 책, 사람을 세우는 책이 되도록 우리 주님의 축사하심이 있기를 간절히 바라는 마음입니다. 다양한 "인생 계절"의 경험들 앞에서 진정한 상담 양육자이신 주님을 고요히 바라보고 견딜 수 있는 힘을 얻게 되길 기도합니다. 보이지는 않지만 너무나 부드러운 주님의 손길이 가져다 주는 황홀한 아침을 발견하게 되길 바랍니다.

그리스도의 첫사랑을 기억하며 그 사랑을 다른 이들에게 전하고자 하는 열정에 사로잡히길 바랍니다. 구원의 감격을 회복하며 스스로 변화하여 그리스도의 장성한 분량에 이르기까지 날마다 변화하길 바랍니다. 또한 그 변화의 대열에 믿지 않는 주위의 비그리스도인들도 합류케 되길 바랍니다. 그리스도를 처음 사랑한 그때, 부족하고 연약한 나를 이끌어 준 고마운 이들을 기억하며 동일한 그 사랑을 다른 이들에게 넘치도록 쏟아 붓길 바랍니다.

읽으시는 분들은 아시겠지만, 이 책은 책상에서 쓰인 게 아니라 많은 분들과의 만남을 통해서 태어났습니다. 저 자신이 전도와 양육이라는 사역의 고민과 짐을 안고 도대체 어떻게 해야 사람들에게 그리스도를 잘 전할 수 있을까, 전한 후에는 어떻게 키워내야 제자다운 제자가 될 수 있을까 고민하던 끝에 나온 일종의 양육 경험기입니다. 개인의 경험에 갇히는 단점이 있지만 동시에 진솔하고 뜨거운 전도자와 양육자의 심정이 그대로 담겨 있습니다.

다시 손봐 내놓는 이 책이 제가 지녔던 사역적 고민을 똑같이 지니고 있는 많은 훈련자, 사역자, 목회자, 평신도 지도자들에게 작은 도구가 되길 바랍니다. 무엇보다 이 책을 읽으신 독자들께서, 주님 안에서 사람 키움의 즐거움을 새롭게 발견하고 이 일에 더욱 헌신하게 되길 간절히 바랍니다.

아침에 눈을 뜨면서부터 잠자리에 드는 순간까지 제게 있는 모든 것을 쏟아 놓을 수 있는 거룩한 일터인 사랑의교회에서 만난 모든 분들께 감사의 인사를 전합니다. 그곳은 제 삶의 전부이자, 날마다 내 영혼 속에 주님이 샘솟게 하시는 복음의 열정을 태울 수 있도록 길을 열어 준 곳입니다. 이곳을 통해서 하나님은 너무나 귀한 영적인 부모님을 만나게 하셨습니다. 사랑의교회 역사 속에서 철없었던 저를 가르쳐 주시며 기다려 주신 옥한흠 목사님과 사모님께 평생 잊을 수 없는 고마운 마음을 드립니다.

또한 부족한 사람이 오늘까지 올 수 있도록 보이지 않는 곳에서 기도와 격려와 사랑을 아끼지 않은 사랑하는 가족들에게도 사랑을 전합니다. 나의 나 된 것은 내가 아니요 오직 하나님의 은혜로 된 것이기에 오늘도 하나님 나의 아버지께 영광과 감사를 올려드립니다.

2007년 벽두에

강명옥

제4원리 세상 속의 그리스도인에 대한
기준을 제시하라

제5원리 성경을 풀어 적용해 주는 일에 능하라

"너희는 그 은혜에 의하여 믿음으로 말미암아 구원을 받았으니

이것은 너희에게서 난 것이 아니요 하나님의 선물이라

행위에서 난 것이 아니니

이는 누구든지 자랑하지 못하게 함이라" 엡 2:8-9.

구원은 오직 예수 그리스도를 믿음으로써만 얻을 수 있다.

행위로써가 아니라 하나님의 선물로 구원을 얻은

우리에게 진정한 자랑은 예수 그리스도와 그분의 십자가뿐이다.

제1원리

어물쩍 넘어가지 말라

chapter 1

당당하고 자신 있게 전하라

매주마다 교회 가자고 졸라대는 아내의 바가지가 힘겨워 마지
못해 도살장에 끌려가는 소처럼 그렇게 주일 예배에 참석하는
남편이 있었다. 가정의 평화를 지켜야 한다는 가장의 사명 때
문에 어쩔 수 없이 말이다. 그러던 중 남편의 영양가(?) 없는 도
살장 나들이가 습관이 되어 가고 있음을 알아챈 아내는 정면돌
파를 선택하기로 했다. 남편이 예수님을 제대로 알게 도와 달
라고 내게 "응급 SOS!"를 친 것이다. 그녀 남편의 현주소는 자
신만만시(市) 의기양양구(區) 당당동(洞) 똑똑번지(番地)였다. 잘
나가는 전형적인 40대 중반 엘리트의 모습 그 자체였다. 그는
면담을 하는 동안 시종 여유 있고 교양 있는 엘리트의 모습을

잃지 않고 이런저런 이야기들을 잘 들어 주었다.

나는 가장 먼저, 자신의 의지와 상관없이 "죄꾸러기"의 본성으로 태어날 수밖에 없었던 매우 억울한 인간의 출발에 대해서 이야기했고, 이어서 사람들이 다급한 상황에서 목젖이 타 들어가고 애간장이 녹을 때 얼떨결에 외마디로 "하늘님! 하느님!" 하고 외치는데, 그 외침 속에 등장하는 하나님이 어떤 분이신지 말해 주었다. 또한 대신 죽어 달라고 부탁한 적도 없는데 대신 죽어 주신 그 주인공 예수님에 대해서, 극락 옆집쯤으로 알고 있는 천국에 관해 이야기해 주었다.

모락모락 무르익어 가는 분위기를 마무리할 때쯤 내가 물었다. "왕 되신 하나님이 선생님께 공짜 선물로 주시는 영원한 생명을 받으시겠어요?"

한 번의 대화로 만족스러운 대답을 얻을 거란 기대는 하지 않지만, 시종 공손한 그의 태도 때문에 내심 기대감에 부풀어 있었다. 그러나 내 예상은 완전히 빗나가고 말았다. 그는 핏발 서린 분노의 붉은 눈빛을 하고 성난 입술을 실룩거리며 이렇게 말했다.

"도대체 예수쟁이들, 이래서 딱 질색이야! 난, 공짜는 죽어도 싫소! 노력해서 얻어야 진짜지, 공짜가 진짜요? 당신네들 이런 예수 사상으로 사람들을 유혹하나 본데 정말 어이가 없군!"

돌변한 그의 태도 앞에 갑자기 머리가 띵해지고 캄캄해지더니 어느새 머리 위로 별이 반짝이는 듯했다. 40대 엘리트의 교양 있고도 여유 있는 모습에 기대감을 갖고 있던 내 마음에 말할 수 없는 배신감이 물밀 듯 밀려왔다. 당황하고 무색해진 나는 "당신도 나도 모두 공짜 인생을 사는 사람들인데…" 하는 말만 중얼거리며 그 자리를 정돈하고 뒤돌아 나왔다. 그런데 그때 '앞으로 계속해서 만날 비그리스도인들 앞에서 매번 이런 식으로 KO패 당할 수는 없어!'라는 야무진 생각이 들었다.

'하나님, 어쩌죠? 저 좀 도와주세요!'

순간, 공짜가 싫다면 돈을 받고라도 복음을 전해야겠다는 마음이 생겨났다. 그 다음 주일에 다시 그를 찾았다. 나를 바라보는 그의 얼굴에는 엘리트의 여유도, 교양도 모두 사라지고 없었다. 그야말로 나는 초대받지 못한 손님이었다. "왜 또 왔소? 더 들을 일 없다니까요!"

간신히 단 5분의 시간을 허락받은 나는 그에게 당당하고 자신 있게 말했다. "선생님은 하나님이 주시는 영원한 생명을 공짜로 받는 게 죽어도 싫다고 하셨지요? 저는 이 영원한 생명이 선생님 인생에 있어 가장 중요한 부분이기 때문에 선생님께 돈을 받고라도 이 생명을 전해 드리려고 다시 왔습니다." 그러자 그는 "지금 나랑 말장난하자는 거요? 다른 사람은 공짜로 준다면서 왜 나한테는 돈을 받겠다는 거요?" 하며 또다시 버럭버럭 화를 냈다. 이윽고 나는 돈을 받아야 할 요건들을 조근조근 나열하기 시작했다.

"선생님! 이 세상에 오셔서 값으로 따질 수 없는 것들을 마치 자신의 것처럼 착복하면서, 돈 한 푼 내지 않고 다 공짜로 누리면서 죽어도 공짜는 싫다고 화를 내시는 선생님께 오늘 하나님이 저를 보내시어 지금까지 누렸던 것들의 값을 합산하여 지불받아 오라고 하셨습니다." 그는 내 말에 반박하려는 듯했지만 나는 틈을 주지 않고 내친김에 몰아붙였다.

"선생님! '공수래공수거' 아시지요? 흔히들 빈손으로 왔다가 빈손으로 가는 것이 인생이라는 이야기를 많이 하는데요. 태어나서 여태껏 누리고 계시는 선생님의 생명이라는 것, 값을 지불하지 않고 태어나 공짜로 생명을 누리고 계시니 공짜가 죽어도 싫으신 선생님은 생명 값을 내셔야 합니다. 또 사람이 햇빛을 쬐지 못하면 피부병, 우울증에 시달리게 되는데 선생님의 피부가 아주 좋은 것을 보니 이런 소중한 햇빛을 돈을 내지 않고 그저 공짜로 많이 누려 오셨군요. 죽어도 공짜가 싫으신 선생님은 이 햇빛 값을 지불해 주서야겠습니다. 우리 몸의 70%가 물로 되어 있어 물을 마시지 못하면 죽습니다. 죽어도 공짜가 싫으신 선생님! 이 물의 근원 값을 내셔야겠습니다. 또 병원에 가면 산소 호흡기를 끼고 계시는 분들 보셨지요? 그 값이 만만치 않던데, 선생님은 24시간 어느 한 순간도 쉬지 않고 사용하고 계시니까 산소 값도 계산해 주세요."

이렇게 말하고 나서 돈을 달라고 손을 내밀기가 무섭게 그는 나에게 삿대질을 하며 대들었다.

"그건 누구나 다 공짜로 누리는 것 아니요?"

"네, 그렇습니다. 선생님! 우리는 모두 너무나 많은 것을 공짜로, 값을 지불하지 않고 누리고 있습니다. 가만히 생각해 보세요. 엄청나게 귀하고 너무 소중해서 값을 따질 수 없고 잴 수도 없는 것들을 그저 공짜로 누리고 있다는 사실을 말입니다. 영원한 생명도, 천국도 너무 귀하고 소중한 것이기 때문에 하나님이 공짜로 선물해 주신 겁니다."

그제야 그는 말이 없어졌다. 하나님이 주신 절호의 기회였다.

"공짜는 죽어도 싫으신 선생님! 선생님의 인생이 공짜 인생이었다는 것이 인정되십니까? 이 시간, 값으로 따질 수도 없고 잴 수도 없는, 그래서 돈을 주고 사려야 살 수 없는 이 귀한 영원한 생명을 공짜로 하나님이 선생님께 주려 하십니다. 받으시겠습니까?"

조용히 내 말을 듣고 있던 그는 잠잠히 눈시울을 적시며 말했다.

"아, 그렇군요. 내가 그것을 몰랐군요. 그렇다면 하나님이 주시는 공짜 선물을 받겠습니다."

그날 그렇게 그는 하나님을 영접했다.

"너희는 그 은혜에 의하여 믿음으로 말미암아 구원을 받았으니 이것은 너희에게서 난 것이 아니요 하나님의 선물이라 행위에서 난 것이 아니니 이는 누구든지 자랑하지 못하게 함이라" 에베소서 2:8-9

인간의 약점 중에 하나는 공치사하기를 좋아한다는 것이다. 작은 선행에 대해서도 자신을 드러내고 싶어하고, 은근히 남이 알아주길 바라는 마음이 본능적으로 있다는 것이다. 남이 알아주지 않으면 스스로 자신을 알뜰히 챙겨 공치사를 하곤 한다. 이런 인간의 속성을 하나님은 너무나 잘 아시기에 구원에 관한 한 자랑하거나 공치사할 수 없도록 안전장치를 하시고 우리에게 선물로 그냥, 공짜로 주시기로 처음부터 작정을 하신 것이다. 구원에 관한 하나님의 계획은 말씀을 통해서 발견할 수 있다.

1. 구원과 믿음은 하나님의 선물이다

에베소서 2장 8-9절에는 구원과 믿음이 사람에게서 난 것이 아니라고 명시되어 있다. 믿음과 구원 앞에 "은혜"라는 조건이 선행된다는 사실을 유심히 보라. 하나님의 은혜가 먼저인 것, 이것이 하나님의 선물이라는 뜻이다.

2. 구원은 인간의 노력으로나 선행으로 얻을 수 없다

구원은 도덕을 잘 지켜서 얻는 것이 아니고, 잘나고 똑똑해서 얻는 것도 아니다. 교회 생활을 잘해서 얻는 것도 아니며, 헌금을 많이 내서 얻을 수 있는 것도 아니다. 능력을 행할 수 있기 때문에 얻어지는 것이 아니며 가난한 이웃에게 구제를 많이 한다고 해서 얻어지는 것이 아니다. 오로지 하나님이 값없이 공짜로 주시기 때문에 받을 수 있는 선물이다.

3. 그러므로 인간에게는 구원에 관한 한 자랑할 것이 없다

우리는 하나님의 은혜로 구원받았기 때문에 자신의 어떠한 것도 자랑할 수 없다. 그저 감사함으로 하나님이 주신 선물을 받아 누리면 되는 것이다. 그렇다고 구원받은 인간이 아무렇게나 살아도 된다는 얄팍한 생각을 하는 사람이 있다면 그는 진정 구원의 은혜를 모르는 사람이다. 죽을 영혼을 구원해 주시고 죄에서 해방시켜 하나님의 자녀 삼아 주신 그 아버지를 생각하면 감사한 마음에서 저절로 착한 삶을 살게 되어 있다. 핵심은 구원받기 위해서 선행을 하는 것이 아니라 구원을 주신 것이 감사해서 선행을 한다는 것이다. 이 핵심의 순서는 매우 중요하고 반드시 지켜져야 한다.

구원은 오직 예수 그리스도를 믿음으로써 얻을 수 있다. 행위로써가 아니라 하나님의 선물로 구원을 얻은 우리에게 진정한 자랑은 예수 그리스도와 그분의 십자가뿐이다.

Quiet Time

1. 당신은 착한 행실로 구원을 얻을 수 있다고 생각하는가?

2. 구원이 하나님의 선물이라는 말씀에 대해 어떻게 생각하는가?

3. 예수를 믿음으로써 공짜로 구원받은 이후 당신의 삶은 어떠해야 하는가?

chapter 2

눈을 뜨고 귀를 열어 주라

우리 중에 내일 혹은 2, 3년 후의 일을 자신 있게 말할 수 있는 사람이 있을까? 가까이 있는 누군가에게 암 선고가 떨어졌다는 소식을 듣는다면 어떤 기분이 들까? 순간 '혹시 내 몸 어느 한 구석에도 암 덩어리가 퍼져 있는 것은 아닐까?' 하고 생각하며 이 병명 저 병명을 억지로 지어 내면서 불안해하는 약하디약한 존재가 바로 우리 아닌가! 이렇듯 알 수 없는 불안한 미래와 건강에 대한 궁금증은 날로 더해만 가고 있으니, 점쟁이 시장이 늘 호황일 수밖에 없다. 그러나 그 허망한 실체를 볼 수 있는 이야기 하나를 소개하겠다.

무슨 일이든 점쟁이 보살을 찾아가 사업 운을 점치는 40대

사업가가 있었다. 단골로 다니던 부채도사에게 찾아가 시도 때
도 없이 묻고 또 물었다. 부채도사의 말을 생명처럼 여기며 "동
(東)으로 가라!" 하면 동으로 가고 "서(西)로 가라!" 하면 서로
가면서 꼭두각시 노릇을 했다. 꼬이던 일도 점만 치고 오면 왠
지 잘 풀려서 부채도사에게 집도 지어 주고 승용차도 사 주고
금일봉도 늘 두둑이 챙겨 주었다. 그는 부채도사를 사업체의
고문으로 여길 만큼 맹목적으로 부채도사의 지시에 따랐다.

그런데 어느 때부터인가 사업에 적신호가 켜졌다. 불안해진
그는 더욱더 부채도사에게 매달렸다. 그러나 호전되는 기미는
전혀 보이지 않았다. 너무 답답한 나머지 "어째서 안 풀리는 거
야? 무슨 방도를 내 봐! 뭐하고 있는 거야!" 하며 부채도사의
목을 죄기 시작했다.

그러던 어느 날, 그는 부채도사에게서 전혀 뜻밖의 이야기를
들었다. 집안에 종교가 둘인 관계로 사업이 풀리지 않고 어려
워지고 있으니 속히 해결해야 한다는 것이었다. 부채도사는 그
에게 아내를 빨리 절에 데리고 가서 불교 대학에 집어넣고 반
듯한 불교 신도가 되게 해 부처님을 위해 살도록 하라고 지시
했다. 불안해진 그는 교회에 다니는 아내에게 소리치며 폭언을
퍼붓기 시작했다. "당장 집어치워라! 사업이 망하면 당신이 믿
는 하나님인지 뭔지 때문이니 알아서 해!"

이혼도 불사할 것 같은 남편의 극단적인 태도에 이 궁리 저
궁리로 고민하던 아내는 기도 중에 지혜를 얻었다. "당신이 나

를 절에 데려가려 한다면 내가 다니는 교회에 먼저 와 보는 게 순서 아니에요? 우선 교회에 함께 나가 본 다음, 그리고 절에 같이 가는 걸로 해요. 그런 다음 선택하죠, 뭐."

아내의 이러한 제안으로 귀가 솔깃해진 그는 '한 번만 교회에 나가 주면 그 다음에 아내를 절로 데려가는 것은 땅 짚고 헤엄치기야! 이번 딱 한 번으로 지상명령 수행은 종결이야!' 하고 생각했다. 그러고는 주일 아침 자신만만하게 아내를 따라 교회에 갔다.

그 동안 이 지혜로운 아내는 염려만 하고 있지 않고, 주변의 기도 후원자들을 포섭해 놓고 함께 중보기도에 열중했다. 이런 열정적인 중보기도는 결국 남편이 교회에 발걸음을 내딛은 첫 날, 그의 마음 문을 활짝 열어 주는 디딤돌이 되었다. 전혀 기대치 못했던 성과, 놀라운 성과였다! 예배를 드리고 나온 그는 바로 새가족모임에 등록하고 본격적인 양육을 받게 되었다. 때마침 그날 새가족모임에서는 "사단이 놓은 덫"에 관한 이야기가 진행되고 있었다. 감사하게도 그는 '내가 그 동안 속아서 살았구나!' 하고 생각하며 진리를 깨달았고, 체험한 은혜를 내게 전해 주었다. 그는 하나를 미끼로 주고 결정적인 순간에 열을 송두리째 앗아가는 마귀의 장난질에 눈멀고 귀 어두워 숱한 날들 동안 꼭두각시 인생으로 속아 산 것이 너무 억울하다며 탄식했다.

단 한 번의 강의를 듣고 이렇게 많은 것을 깨달은 그를 바라보며 기질적으로 종교적 성향이 강한 사람이었기에 사단의 방해가 심했고, 그만큼 성령께서도 강하게 역사하셨다는 것을 알 수 있었다.

5주 간의 새가족모임을 시작으로 믿음 생활에 들어서게 된 그는 어린아이의 순수한 마음으로, 구체적이고도 실제적인 순전한 기도를 하며 신앙생활을 잘 해나갔다. 하나님은 그런 그의 기도에 소망을 하나하나 담아 주시고 다독이시며 그를 선하게 인도해 주셨다.

그런 그에게 또 한 번 부도의 위기가 찾아왔다. 그저 막막한 가운데 목젖이 타는 듯 매우 답답한 하루하루를 보내면서도, 다시 부채도사에게 찾아가 물어 보기에는 도무지 자존심이 상해 차마 그럴 수 없었다. 어음 결제일을 하루 앞둔 날, 그는 부도의 위험과 조여드는 두려움과 처절한 공포 앞에서 어쩔 줄 몰라 하며 긴 밤을 하얗게 지새웠다. 주절주절 잘도 엮어져 나오던 기도가 큰 두려움에 휩싸여 한마디도 나오지 않고, 그저 "하나님, 도와주세요! 주님, 도와주세요!"신음소리 같은 절규만 새어 나왔다.

그렇게 하나님 이름만 부르고 외치던 중에 그의 머릿속에 평소에 알고 지내던 한 사람이 섬광처럼 스치고 지나갔다. '혹시 모르니 그 사람에게 도와달라고 사정 이야기를 해볼까?'

그 순간, 거짓말처럼 그 사람이 눈앞에 나타났다. 그 사람은 지나가던 길에 들렀다며 사업이 잘되는지, 어려운 일은 없는지 물어 왔다. 그는 하나님의 손길이 가까이에 온 것을 예감했다. 그는 전후 사정을 이야기했고, 즉시 그 자리에서 그 사람의 도움으로 부도의 위기를 넘길 수 있었다. 그날 소름이 끼치도록 기가 막히게 응답하신 하나님 때문에 그는 감격해서 울기만 했다.

이후 그는 농담처럼 내게 말했다. "전도사님! 부도의 위기 때 그만 못 견디고 부채도사에게 갔더라면 우리 하늘 아버지께 정말 면목 없을 뻔했어요! 생각만 해도 등에 식은땀이 흐르며 아찔해요." 이런 간증의 흔적을 지니게 된 그는 예전의 방황을 보상하기라도 하듯 어느 누구 못지않게 열심히 하나님을 섬겼고, 굳건한 신앙을 간직하게 되었다.

"그들의 우상들은 은과 금이요 사람이 손으로 만든 것이
라 입이 있어도 말하지 못하며 눈이 있어도 보지 못하며
귀가 있어도 듣지 못하며 코가 있어도 냄새 맡지 못하며
손이 있어도 만지지 못하며 발이 있어도 걷지 못하며 목
구멍이 있어도 작은 소리조차 내지 못하느니라 우상들을
만드는 자들과 그것을 의지하는 자들이 다 그와 같으리로
다 이스라엘아 여호와를 의지하라 그는 너희의 도움이시
요 너희의 방패시로다" 시편 115:4-9

만물의 창조자이신 살아 계신 하나님을 생각할 때, 세상에
널리 퍼져 있는 많은 우상들의 무능함과 거짓됨, 그리고 그것
들을 숭배하는 자들의 어리석음에 대한 교훈을 얻을 수 있다.
사람들은 죽은 우상을 섬기던 길에서 돌이켜 살아 계신 하나님
을 믿을 때 알 수 없는 두려움에 빠지게 되는데 그것은 인간의
연약함 때문이라 할 수 있다. 보이지 않는 영적인 세계에 대해
서 무지한 인간은 마귀의 거짓말에 속아서 살아가고 있는 것이
사실이다.
　우리는 성경말씀을 통해서 종교를 바꾸면 우환이 오는 것
이 아니라, 하나님의 도움을 얻을 수 있고 어려운 일이 해결된
다는 진리를 확신할 수 있다. 어리석은 우상과 살아 계신 하나

님이 우리에게 있어서 얼마나 많은 차이가 나는지 살펴보도록
하자.

1. 우상은 보호자가 되지 못하나 하나님은 완전한 보호자이시다벧전 3:12

우상은 눈이 있어도 보지 못한다. 그러나 하나님의 눈은 그
분의 자녀들을 주목하신다.

2. 우상은 귀가 있어도 듣지 못하나 하나님은 우리의 기도를 들으시고 응답하신다왕상 18:26-29

바알의 제사장들은 그들의 신에게 하루 종일 외쳐 댔지만 아
무 응답도 얻지 못했다. 그러나 하나님은 항상 성도의 작은 신
음에도 귀를 기울이시며 그 부르짖는 기도를 들어 주신다.

3. 우상은 코가 있어도 냄새를 맡지 못하나 하나님은 제물을 흠향하신다창 8:21

우상은 외형상의 감각 기관을 가질 수는 있으나 생명이 없기
때문에 냄새를 맡을 수 없다. 그러나 하나님은 그 백성들이 바
치는 제물의 향기를 "흠향"하신다.

4. 우상은 손이 있어도 만지지 못하나 하나님은 권능을 행하신다시 8:3

우상의 손은 그의 도움을 바라는 자들에 대해서 속수무책

이다. 아무런 도움을 제공할 수가 없다. 그러나 하나님은 손으로 우주를 창조하셨다시 8:3. 그리고 그 펴신 팔로 압제받는 이스라엘을 애굽에서 건지심으로 그 능력을 보여 주셨다. 우상의 손은 무능한 손이기에 움직이지도 못하나, 하나님은 성도들을 향해 능력의 팔을 펼치신다행 4:30.

5. 우상은 발이 있어도 걷지 못하나 하나님은 언제나 성도들과 동행하신다사 41:10

우상을 섬기는 자들은 언제나 우상을 만나기 위해서 찾아가야 한다. 심지어 우상을 가지고 다녀야 하기 때문에 짐이 된다. 그러나 우리의 하나님은 언제나 우리와 함께하신다. 하나님이 우리와 함께하신다는 진리를 예수님이 세상에 오심으로 보여 주셨다. 임마누엘("하나님이 우리와 함께하신다")의 약속을 이루신 것이다.

이제 우리의 결심이 남아 있다. 말 못하는 헛된 우상을 선택하든지, 살아 계신 참된 하나님을 선택하든지 양자택일해야 한다. 우리는 아무 힘도 없는 우상에게서 돌아서서 우리의 도움이시요 방패이신 하나님을 의지하고 찬양해야 한다. 오직 하나님께 합당한 영광을 돌리며, 이 땅에서 우상에 붙들려 사는 어리석은 사람들을 주님의 품으로 인도하는 성도들이 되어야 한다.

Quiet Time

1. 당신은 종교를 바꾸면 우환이 온다고 믿으며 두려워하고 있지 않은가?

2. 살아 계신 하나님과 어리석은 우상의 차이에 대해서 당신의 말로 다시 한번 정리해 보라.

3. 예수를 믿음으로써 공짜로 구원받은 이후 당신의 삶은 어떠해야 하는가?

chapter 3

과감하게 허점을 노리라

지금은 남부러울 것 없는 생활을 하고 있는 자수성가한 남자 집사님이 있다. 처음 만났을 때 그는 무(無)에서 유(有)를 창출해 낸 자수성가의 자긍심이 넘쳐서 지나치게 당당하고 저돌적인 사람으로 보였다. 하지만 그런 자긍심은 또한 그의 상처의 근원이 되기도 했다. 그의 내면의 내시경을 통해 비춰지는 영적 초음파 화면에는 "목마름 암" 3기, "허기짐 암" 말기 상태임이 드러나 있었다.

사람의 힘으로는 더 이상 어찌할 수 없는 그의 내면의 목마름과 허기진 상태를 살짝 훔쳐본 후 이 부분들을 "볶음"(복음) 요리로 채워 줘야겠다는 생각이 들었다. 먼저 교만과 자만심의 씨를 빼내어 잘게 다진다. 그리고 신뢰와 의지라는 프라이팬에 잘 볶아, 인내와 기도의 양념으로 간을 맞춰 마무리하고 기쁨과 감사의 그릇에 예쁘게 잘 담으면 "볶음"(복음) 요리 완성!

이제 어떻게 먹으면 맛있게 먹을 수 있는지 설명을 시작하려 할 때, 그가 드디어 말문을 자르며 방어의 화살을 겨냥하기 시작했다.

"나는 내 주먹을 믿습니다. 나는 세상에 믿을 것, 의지할 것 하나도 없다고 생각합니다." 그는 다시 주먹을 불끈 쥐어 보이며 말을 이어갔다. "이 주먹을 갖고 식구들을 먹이고 입혔고, 이 주먹을 갖고 자식들 공부시켰습니다. 이 주먹으로 다 해내며 살았어요. 부모님이 저에게 남겨 주신 유산도 없고 처갓집에서 해준 것도 없어요. 하나님을 믿느니 차라리 내 주먹을 믿겠어요!"

그 말을 듣자 나는 그 주먹이 얼마나 크고 단단한가를 테스트해 봐야겠다는 생각이 들었다. "선생님! 선생님의 주먹은 참 크고 센가 보군요?" 내 질문에 그는 모르는 척 아무런 대꾸도 하지 않았다. 그의 아내에게 부탁을 했다. "혹시 집에 망치가 있으면 좀 갖다 주시겠어요?"

"뭐에 쓰시려구요?"

"그냥 쓸 데가 좀 있어서요."

아내가 망치를 조심스럽게 가지고 왔다. 그는 영문도 모른 채 의아하게 쳐다보고만 있었다. 나는 그에게 말했다.

"선생님! 송구스럽습니다만, 잠시 탁자 위에 손을 올려 보시겠어요?"

"왜 그러십니까?"

그는 피식 웃으며 탁자 위에 손을 얹었다.

"선생님! 제가 이 망치로 선생님의 주먹이 얼마나 크고 센지 테스트해 보려고 합니다."

'설마… 진짜로 이 망치로 내리치지는 않겠지!'라고 생각했던지 그는 탁자 위에 올려놓은 주먹을 내리지 않았다. "선생님의 주먹이 얼마나 세고 강력한지 알아보기 위해 제가 힘껏 내리쳐 보겠습니다. 깨지지 않고 그대로 있으면 제가 선생님의 주먹이 정말 세다는 것을 믿겠습니다."

이렇게 말하고는 힘껏 내리칠 태세를 하자 그는 "이 여자가 미쳤나? 당연히 깨지지! 당신 그걸 말이라고 하는 거야?" 하며 소리쳤다.

"그렇다면 선생님! 선생님의 주먹은 이 망치로도 깨질 수 있는 연약한 주먹이라는 것을 인정하시겠습니까? 우리는 자신이 강하다고 생각하지만 이 하찮은 망치에도 손이 깨질까 겁을 내는 연약한 자들입니다. 이 순간에라도 코에 숨이 끊어진다면 흙으로 돌아갈 수밖에 없는 속절없는 질그릇일 뿐입니다."

잠시 침묵이 흘렀다. 나는 기회를 놓치지 않기 위해 이런저런 이야기를 해주었다. 이윽고 그는 눈물을 보이기 시작했다. 그는 자신이 얼마나 어리석었는지 부끄러워했고, 그간 아옹다

옹 발버둥치면서 살았던 삶이 결코 쉽지 않았음을 고백했다.
그러고는 하나님의 말씀을 받아들이며 마음을 열기 시작했다.

이렇게 시작하여 주님을 만난 그는 지금 어느 누구보다도 예수님을 잘 믿고 바른 신앙생활의 길을 걷고 있다.

"할렐루야 내 영혼아 여호와를 찬양하라 나의 생전에 여
호와를 찬양하며 나의 평생에 내 하나님을 찬송하리로다
귀인들을 의지하지 말며 도울 힘이 없는 인생도 의지하
지 말지니 그의 호흡이 끊어지면 흙으로 돌아가서 그 날
에 그의 생각이 소멸하리로다 야곱의 하나님을 자기의
도움으로 삼으며 여호와 자기 하나님에게 자기의 소망을
두는 자는 복이 있도다" 시편 146:1-5

인간은 나약한 존재이다. 아무리 힘 있는 것처럼 으스대도
한 치 앞도 내다볼 수 없는 피조물에 지나지 않는다. 연약한 자
가 강해질 수 있는 길은 오직 한 가지다. 자신이 붙들고 있는
것이 강력한 것일 때 더불어 강해질 수가 있는 것이다. 눈에 보
이지 않는 감기 바이러스에도 기를 못 펴고 오한과 고온으로
사경을 헤매는 연약한 존재가 인간이라는 것을 알면 이제 자신
을 보는 눈도 겸손해질 수 있을 것이다. 자신이 의지하지 말아
야 할 것과 의지해야 할 것을 분별할 수 있는 사람이 지혜로운
사람이다.

권력자들을 의지하지 말고 하나님을 의지해야 하는 이유에
대해 성경은 분명히 가르쳐 준다.

1. 권력자들은 도울 힘이 없는 사람들이므로 하나님을 의지하고 도움을 얻어야 한다

권력이라는 것은 짧은 기간 동안 누릴 수 있는 한정된 지위이다. 여기에 부와 명예가 잠시 따라올 수도 있지만 그것도 아침이슬과 같은 것이다. 옛말에서도 말하고 있듯이 "권력자들은 위장술이 능한 자들"이다. 자신의 아침이슬과 같은 지위를 지키기 위해서라면 무엇이든지 가리지 않고 목숨을 거는 불쌍한 사람들이다. 아침이슬에 목을 맨 권력자들을 의지하지 말고 언제나 변함없으신 하나님을 의지해야 한다.

2. 권력자들은 구원을 줄 수 없는 사람들이므로 구원의 하나님을 붙들어야 한다

아무리 큰 권세를 누리는 사람이라 할지라도 인간의 구원에 대해서는 전혀 무능할 수밖에 없다. 대통령이라 할지라도 자신의 구원 문제를 해결하지 못하는 것이 인간인데, 누가 누구를 의지할 수 있다는 말인가? 오직 구원은 하나님만의 특허품이다.

3. 도와줄 수 없는 인생을 의지하지 말고, 우리의 도움이신 하나님을 의지해야 한다

인생은 그 기간이 짧다. 성경말씀대로 호흡이 끊어지면 흙으로 돌아가는 것이 인생이다. 인간은 누구나 태어나면서부터 죽어야 할 운명으로 태어났다. 하루하루 그 날수가 감해지고 있는 것이다. 인생에게 홀연히 다가오는 질병과 죽음은 아쉽게 도 예고편이 없다. 느닷없이 준비할 겨를도 주지 않은 채, 생명의 마침표는 찾아오고 만다. 그 생명의 끝은 아침 안개와 같고 약 4:14, 그 인생의 영광은 아침에 피었다가 저녁에 지는 들의 꽃과 같다 벧전 1:24. 잠시 있다가 없어지는 안개와 아침에 피었다가 저녁에 지는 들꽃에게 우리의 인생을 의지할 수는 없다.

하나님은 전능자이시다. 전능하시다는 것은 뭐든지 다 하실 수가 있다는 뜻이다. 그러므로 그분은 우리의 도움이 되시기에 늘 충분하시다. 하나님은 단호하게 약속하셨다. 압박 당하는 자를 위하여 공의를 베푸시고 궁핍한 자에게 양식을 공급하시고 소외된 자들에게 은혜를 베푸신다고 새끼손가락을 걸고 약속하셨다. 유한한 인간이 전능하신 하나님을 의지하고 영원한 생명의 길을 함께 걷는 것, 이보다 더 안전할 수는 없다.

Quiet Time
1. 권력자들을 의지한 경험이 있다면 말해 보라. 그 결과가 어떠했는가?
2. 도울 힘이 없는 사람을 의지하다가 실망한 경험이 있다면 말해 보라.
3. 당신은 하나님께 소망을 두고 도움을 요청하며 그분을 의지하고 있는가?

chapter 4

인간의 연약함을 정확히 짚어 주라

세상에는 크게 두 부류의 사람들이 있다. 하나는 하나님을 믿는 사람들이고 다른 하나는 하나님을 믿지 않는 사람들이다. 하나님을 믿지 않는 동네에 사는 사람들은 신앙생활을 하는 대부분의 그리스도인들을 일컬어 "나약한 사람들"이라고 비아냥거리며, 뭔가 함량이 미달되는, 근수가 모자라는 인간들로 취급하곤 한다. 여기 "뭔가 부족하고, 뭔가 아쉽고, 뭔가 능력이 모자라 자신의 문제를 스스로 해결할 수 없어서 기를 벅벅 쓰고 신에게 매달리는 거야!" 하면서 그리스도인들을 싸잡아 비난해 온 똑똑한 열 달 "온살박이"(?)가 모자라는 "팔삭둥이"(?)의 동네로 이사 간 이야기를 들어 보자.

스스로 생각하기에 자신이 세상에서 꽤나 잘난 사람이라고 여긴 한 교수가 있었다. 공부라는 품목으로 치자면 공부 잘하는 "똑똑이 대장"이었고, 운동이라는 품목으로 치자면 운동 잘하는 "날쌘이 대장"이었다. 이렇듯 하고자 하는 모든 분야에서 그는 언제나 명장이었다. 그렇게 마음먹은 대로 다 할 수 있을 만큼 지독하게 자신을 믿고 추종하는 사람이었기에 하나님은 언제나 그의 마음에서 문전박대를 당하셔야 했다. 그러나 독실한 신자인 그의 아내는 그런 남편이 언제나 불안했다.

그러던 어느 날, 그의 아내가 내게 심방을 요청해 왔다. 그래서 그를 찾아가서 물었다. "교수님! 하나님을 믿지 않는 중대한 이유라도 있으세요?" 그는 단호하게 말했다. "하나님 믿는 사람들은 뭔가 자신이 부족하고 모자라니까 채우려고 하나님을 믿는 거 아닙니까? 자신의 문제를 스스로 해결할 수 없으니까 하나님께 매달려 '달라 달라' 하고 빌고 부탁하고 그러는 거 아니냔 말입니다. 저는 그렇게 빌붙어 구차하게 살고 싶지 않습니다. 그렇게 안 해도 잘 살고 있습니다."

무능에 빠진 인간들이나 믿는 그 하나님을 절대로 믿지 않겠다고 자신에게 철옹성 같은 약속을 하며 높은 담을 쌓은 모습을 보며, '교수님의 철옹성표 갑옷은 아직 벗겨질 때가 안 되었구나.' 하고 생각했다. 그리고 기다리는 마음을 품은 채 발걸음을 돌렸다.

그러던 어느 날 그가 감기로 입원했다는 소리를 듣고 찾아갔다. 안부를 묻고 이런저런 이야기를 나누다 나는 불쑥 "교수님 어떠세요? 하찮은 바이러스 때문에 입원하시고 나니 '나도 별 거 아니구나' 하는 생각 안 드세요?" 하고 물었다.

"무슨 소리 하십니까? 감기는 누구나 다 걸리는 거 아닙니까? 감기에 걸린 것으로 자신을 그렇게까지 생각할 필요가 어디 있나요?"

"네, 그렇군요. 그럼 신앙생활을 잘하고 계시는 부인께서 부탁을 하셨으니까 잠깐 기도만 하고 가겠습니다. 괜찮으시죠?"

기도를 마치고 집으로 돌아오는 길에 하나님께 물었다.

"하나님, 이분을 하나님 품으로 돌아오게 할 좋은 방법이 없을까요?"

며칠 후 타 들어가는 목소리로 그의 아내가 전화를 했다. 정밀검사 결과 폐암이라는 판정을 받았다고 했다. 무거운 마음으로 그를 찾아가 이런저런 이야기를 나누다 본론으로 들어갔다.

"선생님, 아직도 사람이 연약하다는 생각이 안 드십니까?"

멍한 시선으로 나를 바라보는 침묵의 눈빛을 보니 '이제는 복음을 전할 때가 됐구나' 하고 여겨져 조심스레 말문을 열었다.

"우리 모두는 태어날 때 이미 사형선고를 받은 사람들입니다. 언젠가는 가야 하는데 다만 우리는 그 집행 일과 시간, 그리고 집행 방법만 모를 뿐입니다. 우리 모두는 언젠가는 다 하나님의 심판대 앞에 서야 하는 사형수들이지요. 어리석게 하나님의 존재를 부인하는 사람이 되어서는 안 됩니다. 제가 창세기 1장 1절을 읽어 드리지요. "태초에 하나님이 천지를 창조하시니라." 다른 모든 경전은 신의 출생에서부터 시작되지만 성경은 하나님이 천지를 창조하신 일부터 시작됩니다. 하나님은 이미 스스로 계시기 때문에 하나님의 존재의 기원을 기록할 필요가 없는 것입니다. 그러기에 스스로 계신 창조주 하나님을 피조물인 우리가 믿어야 하는 것이지요."

그러자 그가 천천히 입을 열었다.

"사람이 이렇게 연약하고, 이렇게 무능하고, 이렇게 아무것도 아닌 것을 왜 진작 알지 못했을까요. 똑똑하고 유능한 나 자신을 믿고 의지하면 모든 것이 다 잘 되리라고 여기며 장밋빛 그림을 그리고 있었는데, 이제 와서 보니 나는 참 바보 같은 삶을 살았고, 부끄러운 인생을 살아온 낙오자 같습니다."

그날 그의 손을 잡고 한참 울었다. 얼마 후 그는 하나님의 부르심을 받았다. 이미 암세포가 너무 많이 진행되어 있었기에 어떻게 손을 써 볼 겨를도 없이 그렇게 생의 마침표를 찍었다. 자신의 몸 속 깊숙이 암 덩어리가 똬리를 틀고 있는 것을 알지도 못한 채, 자신은 강하다고 스스로에게 최면을 걸고 나약한 사람만이 종교를 갖는 것이라는 뒤틀린 생각을 품고 있었기 때문에 편안할 때 예수님을 맞아들이지 못하고 엄청난 자신의 연약 앞에서야 예수님을 발견하게 된 것이다. 임종 앞에서 그는 자신이 연약한 질그릇일 뿐이라는 것을 깨닫고 하나님이 주시는 예수 안의 생명을 선물로 받았다.

그리스도인들의 연약함은 나약한 것이 아니라 부드러운 것
이다. 믿지 않는 사람들이 큰소리치며 센 척하는 모습과는 비
교할 수 없는 강력한 것이다. 센 척하는 온살박이 동네 사람들
은 팔삭둥이 동네로 빨리빨리 이사하는 것이 좋지 않을까?

"어리석은 자는 그의 마음에 이르기를 하나님이 없다 하
도다 그들은 부패하며 가증한 악을 행함이여 선을 행하는
자가 없도다 하나님이 하늘에서 인생을 굽어살피사 지각
이 있는 자와 하나님을 찾는 자가 있는가 보려 하신즉 각
기 물러가 함께 더러운 자가 되고 선을 행하는 자 없으니
한 사람도 없도다" 시편 53:1-3

편안하고 안일한 삶을 살 때 인간은 도무지 하나님을 보지
못한다. 자신의 무능함의 막다른 골목에 다다랐을 때에야 하늘
을 쳐다보게 된다는 것이다. 이 어리석음은 절구방아에 찧어도
벗겨지지 않는다. 황급한 상황에 부딪쳐야만 "앗, 뜨거워!" 하
고는 제대로 눈을 뜨고 하나님과 시선을 맞추게 된다. 인간이
어리석다는 것을 몇 가지로 증명해 보고자 한다.

1. 살아 계신 하나님을 믿지 못하니 어리석다

하나님이 존재한다는 것은 모든 시대 모든 족속들이 다 믿어
온 사실이다. 인간은 나름대로 하나님에 대한 지식을 가지고
있으며, 하나님을 믿지 않는 사람들의 마음속에도 영원에 대한
갈망이 있다. 살아 계신 하나님을 부인하는 것은 엄연히 존재
하고 있는 자기를 자기가 아니라고 부인하는 것만큼이나 어리

석은 일이다.

2. 자연 만물을 보면서도 하나님을 믿지 못하니 어리석다

자연 만물의 생성과 소멸을 생각하고 자연의 질서를 깊이 관찰해 보면 인간의 어떤 지식으로도 헤아려 알 수 없는 "신비"를 발견하게 된다. 바울은 자연 만물 속에 하나님의 능력과 신성이 나타나 있으므로 하나님이 없다고 말하는 자들이 핑계할 수 없다고 로마서 1장 20절에서 말했다.

3. 눈으로 보이는 세계만을 믿으려 하니 어리석다

인간은 육체와 영혼으로 구성되어 있다. 보이지 않는 영의 세계를 모르는 사람들은 단세포적으로 생각함으로써 시간과 공간을 초월하여 일어나는 기적과 이적을 믿지 못하기 때문에 어리석은 사람들이다.

4. 부패한 마음에서 나오는 대로 행동하니 어리석다

하나님이 없다고 하는 사람들은 마음이 부패한 사람들이다. 타락한 인간의 본성대로 행동하며 하나님이 주신 양심의 소리에 귀기울이지 않으므로 어리석은 자들이다.

뭔가 아쉬우니까 예수를 믿는다고 생각하는 사람은 자신은 전혀 아쉬울 게 없기에 온전하신 하나님과 동급이라는 생각을 하고 있다. 진정한 교만은 하나님이 필요 없다고 말하며 그분을 인정하지 않는 것이며, 자신을 지으신 창조주를 거부하는 것이다. 인간의 가장 아름다운 모습은 나를 지으신 창조주, 그분을 알아보고 바라보는 것이다.

Quiet Time

1. 당신도 뭔가 아쉬우니까 예수를 믿는 것이라고 생각하는가?

2. 아직도 하나님을 거부하며, 자신이 하나님인 양 교만하게 살아가고 있지는 않은가?

3. 만약 당신이 뭔가 아쉬워서 예수를 믿은 경우라면 그 아쉬운 문제들을 어떻게 해결했는가?

chapter 5

오직 한 길을 가르치라

"예수쟁이들! 아주 골치 아픈 사람들이야."

"꼭 예수를 믿어야만 된다고 우겨. 너무 독선적이야."

"자기들 것만 효과 있다고 떠드는 이기적인 외곬수들이야."

일부 세상 사람들이 바라보는 그리스도인들의 모습이다.

철저한 종교성을 가진 시인 한 사람이 있었다. 그는 교회생활을 잘하고 있었다. 그러던 어느 날 그를 만났는데 이런 이야기를 했다.

"나는 교회도 잘 나가지만 법정스님도 무척 좋아합니다. 석가모니, 공자 같은 분들의 말씀에도 진리가 있다고 생각해요.

그래서 다른 종교에도 구원이 있다고 생각합니다. 예수 믿는 사람들은 반드시 예수를 믿어야 구원받는다고 이야기하는데 그건 속 좁은 생각이라고 여겨집니다."

물론 "속이 좁은가, 넓은가?"의 문제라면 분명 예수쟁이들은 속 좁은 사람으로 여겨질 수 있다. "석가모니도 좋고, 공자도 좋고, 뭐 좋은 게 좋은 거지!" 하는 사고가 언뜻 보기에는 융통성 있어 보이고 세계 평화를 꽤나 열망하는 사람처럼 보이게도 한다.

그러나 여기에 함정이 있음을 알아야 한다. 천국을 가는 문제는 "너그러운가, 포용성이 있는가?"의 문제와는 아무런 상관이 없다. 이런 고상해 보이는 생각들은 천국 가는 문제에 관한 한 잡동사니에 불과하다. 핵심을 이해해야 한다. 마치 이순신 장군에 대해 이야기하면서 이순신 장군의 업적과 발자취는 무시한 채 "그 당시 이순신 장군이 신었던 신발 문수는 몇 호였을까?"를 더 고민하는 것과 같다.

아직도 교회 안에 복음을 제대로 이해하지 못하고 있는 무늬만 성도인 사람들이 제법 있다. 비그리스도인과 거의 다를 바 없는 생각을 하는 이들은 아무리 교회에 잘 나오는 종교인이라 하여도 결국 핵심을 놓쳐버린 가짜, 야매 종교인에 불과할 뿐이다. 이런 야매 종교인들은 교회 안에서뿐만 아니라 사회에서도 종종 문제를 일으킨다. 어쩌다 9시 뉴스에 옷으로 얼굴을 가린 채 절절 매며 나오는 이들, 신문의 사진에 눈 주위를 까만

안대로 가리고선 "특정기사와 관련 있음"이란 소제목과 함께 나오는 이들!

복음의 빛을 가리는 이들 야매 종교인들에게 "무슨 종교를 믿느냐?"고 물으면 곧잘 예수쟁이라고 말한다. 자신들이 야매 종교인인 줄도 모른 채 그들은 그렇게 근사하게 말한다. 이런 야매 종교인들은 여간해서는 설득도 안 되고 꾸준히 설명해도 쉽게 깨지지 않는다.

그런데 그 시인에게 비자를 받기 위해 노력한 이야기를 하자, 그는 마음의 빗장을 열었다. 나는 미국에 가기 위해 비자를 받으려고 했다. 그러나 보기 좋게 네 번이나 거절을 당했다. 재산이 없어서 안 되고, 전도사라 안 되고, 혼자 살아서 안 되고, 이런저런 이유로 비자를 발급해 주지 않았다. 다섯 번째 찾아가서야 겨우 힘겹게 비자를 받아 냈다. 비자를 받고 나오면서 나는 하나님께 감사의 기도를 드렸다. "하나님, 감사합니다. 미국 가는 비자가 이렇게 발급받기 어려운데 미국과는 비교도 되지 않는 그 좋은 천국 가는 비자를 '예수님, yes!'만 하면 주시니 정말 감사합니다!"

그러다 문득 '이 세상에는 도대체 몇 개의 나라가 있을까?' 하는 생각이 들어 알아보았더니 207-209개국이 있었다. 각 나라에는 하나도 빠짐없이 고유의 법이 있었다. 누군가 미국에 여행을 가서 그곳에서 아이를 낳으면 아이에게 미국 시민권을 준다. 하지만 우리나라는 외국 사람이 와서 10년을 살고 아이를 낳고 길러도 한국 시민권을 주지 않는다. 그런데 그것은 한국 법이 그렇기 때문에 어느 누구도 뭐라고 따지지 못한다. 또 미국에 가려면 미국 비자를 갖고 가야지 한국 비자를 갖고 갈 수 없다. 반대로 미국이 전 세계의 1등 나라라 하더라도 우리나라의 비자를 받지 못하면 절대 한국에 들어올 수 없다.

이와 마찬가지로 천국에 들어가려면 비자가 필요하다. 그 천국 비자는 다름 아닌 예수님이다. "예수님 비자"밖에 없는 것이다.

베드로는 사도행전 4장 12절에서 이렇게 말하고 있다.

"다른 이로써는 구원을 받을 수 없나니 천하 사람 중에 구원을 받을 만한 다른 이름을 우리에게 주신 일이 없음이라 하였더라."

예수님은 요한복음 14장 6절에서 이렇게 말씀하셨다.

"예수께서 이르시되 내가 곧 길이요 진리요 생명이니 나로 말미암지 않고는 아버지께로 올 자가 없느니라."

그 시인과 함께 도란도란 비자 이야기를 하고 이 성경말씀을 읽을 때였다.

"'예수님 비자'는 어떻게 받습니까?"

갑작스런 그의 질문에 나는 확신있게 대답했다.

"예수님이 길이고 진리고 생명이시라는 것을 그대로 믿으면 됩니다. '예수님, yes!'만 하면 됩니다."

"그렇군요. '예수님 비자'로만 천국에 갈 수 있는 거군요."

야매 종교인이 진짜 종교인이 되는 순간이었다.

> "예수께서 이르시되 내가 곧 길이요 진리요 생명이니 나
> 로 말미암지 않고는 아버지께로 올 자가 없느니라" 요한복
> 음 14:6

대부분의 사람들은 자신이 굉장히 논리적이고 합리적인 사람이라고 생각한다. 그러나 믿음에 관해 대화를 나누다 보면 정말 비논리적이며 편협한 사고의 틀 속에 갇혀 있음을 느끼게 된다. 세상의 이치를 조금만 생각해도 하나님 나라의 원리를 금방 깨달을 수 있을 텐데 이상하게도 믿음에 관해서는 쓸데없는 고집으로 일관하는 경우를 많이 보게 된다.

우리는 도마처럼 모르면 모른다고 말하고 질문을 해야 진정한 해답을 얻을 수 있다. 도마는 "주여 주께서 어디로 가시는지 우리가 알지 못하거늘 그 길을 어찌 알겠사옵나이까"요 14:5 하고 예수님께 물었다. 그의 질문에 예수님은 간단하게 "내가 곧 길이요 진리요 생명이니 나로 말미암지 않고는 아버지께로 올 자가 없느니라"고 답하셨다. 도마의 질문에 대한 예수님의 간단한 대답을 함께 생각해 보자.

1. 예수님은 길이시다
인생의 참된 길을 걷기 원한다면 예수님께 나아오면 된다.

그 길은 하나님과 우리를 연결시켜 주는 길이요, 사람과 사람을 연결시켜 주는 길이다. 예수님은 천국 가는 길만이 아니라 인생을 살아가는 데 올바른 길이 되어 주신다.

2. 예수님은 진리이시다

주님은 진리를 설명하시는 분이 아니다. 공자나 석가모니처럼 "진리에 대하여" 설명하시는 분이 아니다. 예수님은 처음부터 진리 자체이셨다고 요한복음 1장 18절은 분명히 밝히고 있다. 우리의 구원자 되신 예수님 자체가 변하지 않는 진리이시기에 예수님과 함께하는 삶을 살 때 우리는 저절로 진리에 거하는 삶을 살게 된다.

3. 예수님은 생명이시다. 인생의 행복은 생명의 길을 택하는 데 있다

생명이신 예수님 안에는 영생이 있다. "아들이 있는 자에게는 생명이 있고 하나님의 아들이 없는 자에게는 생명이 없느니라"고 말씀하신다 요일 5:12. 예수님만이 길이요 진리요 생명이시다. 예수님 외에 다른 이름으로는 하나님 나라에 들어갈 수 없다고 정하신 분은 그 나라의 왕이신 하나님이시다. 하나님 나라의 법을 거스르면서 그 나라에 들어갈 수 있는 사람은 아무도 없다. 오직 "예수님 비자"만이 천국 문을 여는 열쇠이다.

Quiet Time

1. 당신은 예수님만이 유일한 구원자시라는 사실에 대해서 어떻게 생각하는가?

2. 당신은 "예수님 비자"를 어떻게 얻었는가?

3. 이제 당신은 길이요 진리요 생명 되신 예수 그리스도를 통해서 하나님 나라의 시민이 되었음을 믿음으로 받아들이는가?

"그때에 베드로가 나아와 이르되

주여 형제가 내게 죄를 범하면 몇 번이나 용서하여 주리이까

일곱 번까지 하오리이까 예수께서 이르시되

네게 이르노니 일곱 번뿐 아니라

일곱 번을 일흔 번까지라도 할지니라" 마 18:21-22.

용서는 나를 자유케 하는 것이다.

용서는 나를 행복케 하는 것이다.

용서는 나를 편안케 하는 것이다.

그 누구를 위해서가 아니라

나를 위해 용서하라고 주님은 말씀하신다.

이것이 용서의 당위성이다.

제2원리

교회의 본질,
사랑과 용서를 보여 주라

chapter 6

일흔 번씩 일곱 번의 용서를 가르치라

"신경성"이란 병명을 들어 보았는가? 신경성이라는 단어는 어떤 질병 앞에 붙여도 썩 잘 어울리고, '왜 이런 병이 걸리는 걸까?' 하고 애써 고민하지 않도록 병의 원인을 그럴싸하게 이해시켜 주는 요긴한 말이다. 마음에 맺힌 것이 있으면 육체가 아프기도 한다. 마음에 병이 생기면 우리의 육체는 신경성 증세가 나타났음을 알려준다.

예를 들어, 용서를 해야 하는데 잘 안 된다든지, 용서를 받아야 하는데 받지 못했다든지 해서 있는 대로 용을 쓰다 보면 여기 저기 아플 수가 있다. 이런 마음의 짐은 병원에 가서 진찰해도 좀처럼 나타나지 않는 경우가 허다하고, 결국 "신경성"이라는 단어가 붙는 병명들로 판정받게 된다.

교회 안에서도 쉽게 용서하지 못하고, "우리 하나 되자!" 하면 곁길로 빠져서 당을 짓고, 시기하고 질투하는 일들이 종종 일어난다. 이것은 비단 현대의 일만이 아니라 초대교회 때부터 변함없이 꾸준히 있어 왔던 일이다. 동서고금을 막론하고 항상 우리를 괴롭혀 온 것이다. 어찌 보면 지나치게 거룩해서 오히려 용서가 잘 안 되기도 한다. 갈등하는 양측이 "이래서 안 된다"라고 하면서도 안 바뀌기 때문이다. "안 되는 줄 알면서 왜 그랬을까?" 하면서 머리로는 이해가 되는데 도무지 마음은 요지부동이다.

잘 모르는 경우에는 성경의 원리를 가르쳐 주면 해결된다. 하지만 성도들은 아는데도 불구하고 "내 마음을 어찌해야 할지 모르겠다, 어찌할 바를 모르겠다"라고 하는데, 이것이 가장 큰 문제이다. 특히 직분자들이 "성경의 원리를 알면서도 안 돼요!" 할 때는 정말 속수무책이다.

보통 같은 지역에 여러 구역이 있다. 따라서 구역장이 여러 명 된다. 그 중에 아주 독특하게 뛰어난 능력을 가진 구역장 한 분이 있었다. 전도의 은사, 가르치는 은사, 사람들의 마음을 확사로잡는 은사, 말씀을 전해 주고 어려운 사람을 찾아가서 위로해 주는 은사 등 너무나도 뛰어나게 유능했다. 또한 환경까지 좋아 여러 모로 부러움의 대상이 되었다. 그리스도인으로서 성숙한 사람이라면 그렇게 은사가 많은 사람을 격려해 주고 세위 주어야 하는데, 많은 사람들이 그분을 헐뜯고 괴롭히고 없는 말을 만들어 내는 등 능력 있는 사람의 은사를 감소시키는 데 모든 노력을 다 동원하곤 했다. 시달리던 구역장님은 견디다 못해 나를 찾아왔다.

"전도사님, 이 사람들을 용서해야 하는데 도저히 용서할 수가 없어요. 성경을 모르는 사람들이면 말을 않겠어요. 성경을 아는 사람들이 그러니까 기가 막히고 분통이 터져요."

사연을 들은 나는 진지하게 말씀드렸다.

"집사님! 집사님은 교회 안에서 목사님의 인정도 받고 주위 사람들의 인정도 많이 받지요? 하지만 다른 구역장님들에게 인정을 받지 못하는 이유가 어디 있는지 한 번쯤 생각해 보셨어요? 상황이 이렇게 된 데는 비단 다른 사람들만의 문제인지, 아니면 집사님이 그 사람들을 무시했거나 그들이 힘들어할 때 간과하고 지나간 것은 없는지 한번 생각해 보세요. 혹시 만에 하나라도 그 원인이 집사님께 있을 수도 있지 않겠어요?"

상담을 마친 집사님은 상담을 괜히 받았다는 듯 화를 내며 나가 버렸다. 그리고 한참 후에 다시 나를 찾아왔다. 화를 내고 나가면서 내 말을 곰곰이 생각해 보니까 '응 그래. 너희들 없어도 나 인정받고 잘 먹고 잘 살고 있어! 그래, 난 나대로 가고 너희는 너희대로 가는 거지 뭐!' 이런 마음이 한편에 꼬깃꼬깃 있었다고 고백했다.

"집사님, 이 고통스러운 상황을 해결하고 싶다면 성경의 원리로 다시 돌아가 봅시다. 먼저 집사님이 용서할 수 있도록 도와달라고 기도하시고, 그리고 용서하십시오. 그들을 용서하고 품을 때 사랑이 생기고 애틋한 마음이 생기는 겁니다. '너, 그렇게 해봐!' 하니까 고운 말이 나갈 수 없고, 고운 말이 나갈 수 없으니까 메아리가 되어 오는 말도 '오냐, 그렇다! 어쩔래?'가 아니겠어요?"

집사님은 조건 없는 용서를 먼저 하기로 마음먹기 시작했다. 그랬더니 시기하고 질투하고 괴롭히던 사람들의 마음도 덩달아 부드러워지기 시작했다. 용서는 전염병이었던가?

용서하는 데는 조건도 한계도 없다. 우리는 하나님이 아니기 때문에 서로 용서해야 한다. 하나님은 우리를 일방적으로 용서해 주시면 되지만 우리는 하나님이 아니기에 서로 용서해야 한다. 끝까지 용서하지 않아 상대방만 피해를 보게 된다는 것이 확실히 보장된다면 용서하지 않은 후련함도 맛 볼 수 있겠지만, 천만의 말씀이다. 용서받지 못한 사람보다 용서하지 못한 자기 자신이 더 큰 손실을 본 손익계산서를 받게 될 것이다.

교회 안에서 "나와 같지 않은 것은 틀린 것이 아니라 오직 다른 것일 뿐이다"라는 시각을 갖는 것은 인간관계를 한층 여유롭게 한다. 복음은 같아야 하지만, 나와 같지 않은 신앙의 칼라나 부분들은 틀린 것이 아니라 다른 것임을 배워야 한다.

"그때에 베드로가 나아와 이르되 주여 형제가 내게 죄를 범하면 몇 번이나 용서하여 주리이까 일곱 번까지 하오리이까 예수께서 이르시되 네게 이르노니 일곱 번뿐 아니라 일곱 번을 일흔 번까지라도 할지니라" 마태복음 18:21-22

애매히 고난을 당하며 미움을 받아 본 적이 있는가? 잘못한 것도 없이 남보다 뛰어나다는 것만으로 시기와 질투의 대상이 되고 다른 사람들이 이유 없이 괴롭히는 것을 겪어 본 적이 있는가? 그렇다면 용서가 얼마나 힘든 일인가를 알게 될 것이다.

사실 예수님을 믿는 자에게 있어서 가장 중요한 것은 형제 사랑이다. 이미 하나님으로부터 엄청난 용서를 받았기 때문에 어떤 말을 들어도, 어떤 고통을 받아도 상대방을 용서해야 하는 것이 당연한 일이다. 그러나 연약한 인간이기에 밑바닥에 남아 있는 자존심이 용서하지 못하게 하고 남을 무시하게 만드는 원흉이 되는 것을 발견하게 된다. 용서에 대한 주님의 가르침과 성도의 의무가 무엇인지 생각해 보자.

1. 주님은 무한한 용서를 보여 주셨다

일흔 번씩 일곱 번의 용서, 70번 곱하기 7을 해서 490번만 용서하라는 뜻이 아니다. 이것은 무한대의 용서를 의미한다.

주님은 용서와 사랑에 관한 한 도무지 제한을 모르신다. 이런 성품 때문에 주님은 우리의 모든 죄를 사해 주시고 모든 허물을 덮어 주신 것이다.

2. 주님은 기억하지 않는 용서를 보여 주셨다

진정한 용서는 그 잘못을 두 번 다시 기억하지 않는 것이다. 예수님은 우리의 잘못을 되씹지 않으시고 영원토록 잊어버리는 용서를 해주셨다. "주께서 내 영혼을 사랑하사 멸망의 구덩이에서 건지셨고 내 모든 죄를 주의 등 뒤에 던지셨나이다"_{사 38:17b} 라는 말씀처럼, 우리의 모든 죄를 등 뒤에 던져 버리시고 내동댕이치실 만큼 우리를 용서해 주심에 후회와 미련이 없으시다는 것이다.

3. 용서는 선택이 아니라 필수다

우리는 주님의 기준이 아니라 자기 나름대로의 기준을 가지고 있다. 베드로처럼 "몇 번이나 해야 합니까?"라는 질문을 수도 없이 한다. '사람으로서 더 이상은 안 돼!' 하며 자신의 한계를 스스로 정해 놓고, 그것을 최대치로 생각해서 초과하거나 뛰어넘으려 하지 않는다. 이러한 생각에는 '나 정도면 됐지 뭐', '일곱 번씩이나 용서했으면 됐지 얼마나 더?'라는 인간의 자만이 잠재되어 있다. 그러나 주님은 이러한 인간적 잣대와 계산을 뛰어넘기를 원하신다. "너희의 수준을 버리고 나의 수

준에 맞추어 다오" 하시며 주님은 기다리신다. 그것이 일흔 번씩 일곱 번을 용서하는 것이다.

용서에 대한 원리를 예수님은 친히 보여 주셨고, 또 베드로를 통해서 우리에게 가르치셨다. "일흔 번씩 일곱 번"이라는 숫자는 끝까지, 모든 것을 용서해 주라는 의미이다.

우리가 먼저 용서할 때, 주님이 우리를 용서하신 후 얼마나 기뻐하시며 흐뭇해 하셨을까를 조금이나마 느낄 수 있을 것이다. 그때 우리는 지독하게 진한 주님의 사랑 때문에 전율하게 될 것이다.

Quiet Time

1. 당신은 이유도 없이 괴롭히는 사람을 용서한 적이 있는가?

2. 당신은 일흔 번씩 일곱 번이라도 용서하라는 예수님의 말씀에 대해 어떻게 생각하는가?

3. 당신이 용서하지 못해서 손해 본 경험이 있다면 말해 보라.

chapter 7

하나님 말씀에 근거한 용서를
체험케 하라

"사랑하는 사람을 두지 말라.

미워하는 사람도 두지 말라.

사랑하는 사람은 못 만나서 괴롭고,

미워하는 사람은 만나서 괴롭다."

소싯적에 어딘가에서 읽은 글귀다. 하루에 여러 번을 만나도
상쾌한 사람이 있는가 하면 1년에 한 번을 만나도 그 하루를 끔
찍하게 만드는 사람도 있다. 그런데 다른 면에서 생각해 본다
면 그 사람을 만나고 싶지 않은 이유는 바로 우리가 그 사람을
용서하지 못했기 때문이다. 우리 주변에는 그런 사람이 많다.

하루를 생활하는 일터나, 심지어 가족 중에도 그런 사람이 있을 수 있다.

당신의 삶의 지경에 아직도 뽑히지 않고 남아 있는 미움의 잡초가 있는가? 이 미움의 잡초가 독초가 되어 온몸 구석구석에 독을 뿜어내기 전에 "용서표 제초제"를 사용하기를 권한다. 용서표 제초제의 설명서를 잘 읽고 어떻게 사용할 것인가 잘 배워 보자. 그 사용법대로 실천한다면 당신은 "용서해 주기 영재", "용서받아 주기 천재"라는 하나님의 선물을 받게 될 것이다.

용서표 제초제 사용 1단계 : 설명서를 잘 읽고 병 뚜껑을 따라!

먼저, 주님이 우리의 있는 그대로의 모습을 받아 주시고 용서해 주셨다는 은혜를 이해해야 한다. 이것이 용서표 제초제의 설명서를 읽고 병 뚜껑을 따는 일이다.

용서표 제초제 사용 2단계 : 지시한 만큼의 물을 원액에 부어 희석하라!

용서의 주님을 바라보고 먼저 자기 자신을 있는 그대로 용납하고 용서하는 것이 2단계의 일이다. 자기 자신을 먼저 용서해야 남을 용서할 수 있다. 자기 자신을 용서하지 못하고 남겨 두기 때문에 다른 사람을 용서할 수 없는 것이다. 자기 자신과의 화해 신청을 먼저 이루라.

용서표 제초제 사용 3단계 : 희석한 용액을 분무기에 담아 잡초를 향해 쏴라!

자신을 용서한 다음에는 다른 사람을 용서하는 단계를 시행해야 한다. 하나님이 형용할 수 없을 만큼 큰 용서를 허락하셨음에도 불구하고 인간들이 자그마한 용서조차 하지 못하는 것은 용서의 본체가 되시는 하나님께 초점을 맞추지 않았기 때문이다. 우리가 조그마한 용서를 미루어 두고 있으면 하나님의 큰 용서가 계속해서 쓸모없게 되는 것이라는 사실을 알아야 한다.

내가 다른 사람을 용서했는데 그 용서가 받아들여지지 않는 경우도 더러 있다. 이 경우, 무엇보다 용서는 하나님께 초점이 맞추어져 있기 때문에 내가 다른 사람을 용서하고 화해를 청한 것으로 나의 역할 수행은 끝이 났다고 봐야 한다. 그 사람이 받아 주지 않는 것은 이제 내가 해결해야 할 사항이 아니라 하나님이 해결해 주실 몫이라고 생각하면 된다.

용서는 큰 사람이 할 수 있다. 하나님의 마음을 품은 사람만이 용서할 수 있는 것이다. 다른 사람을 용서했다면 하나님의 마음을 품은 큰 사람이라는 자긍심을 가져도 좋다. 세상의 법칙은 내가 누군가에게 피해를 입었으면 그 피해에 대한 보상을 먼저 받도록 되어 있다. 그러나 하나님의 법칙은 정반대이다. 내가 피해자인데 보상을 받기도 전에 먼저 용서하라고 하신다. 선뜻 수긍되지 않는 계산법이다.

하지만 기억하라. 십자가의 곤욕을 당한 피해자 되신 주님이 우리에게 먼저 용서를 주셨다. 그러므로 피해자라고 생각된다면 용서를 주라. 먼저 주라!

정말 독특한 성격을 소유한 시어머니가 있었다. 작은 것에서부터 큰 것에 이르기까지 잔소리로 일관된 시어머니였다. 20대에 청상과부가 되어 외아들을 혼자 힘으로 키워 낸 것이 그 시어머니의 방패이고 검이었다. 끝까지 "내 아들은 내 꺼!"인 그 시어머니에게 며느리의 존재는 거추장스러운 장식물에 불과했다.

이런 경우, 남편이 고부 관계를 잘 다독이며 교통정리를 잘 했으면 별 어려움이 없었을 텐데, 남편 역시 20대에 혼자가 되어서 자기만을 바라보며 견뎌 온 어머니를 생각하면 불쌍한 마음이 들어, 아내에게 오히려 "그래도 너는 내가 있지 않느냐?" 하면서 참아 주기를 요구했다.

나름대로 참아 온 며느리는 급기야 화병으로 밥 한 술도 떠넘기지 못하는 지경이 되었다. 시어머니도 용서하지 못하고 남편도 용서할 수 없는 상황까지 왔기에 그 영향은 자녀들에게까지 미치고 말았다. 남편에게 이해받지 못한 것, 시어머니에게 화나는 것에 대한 모든 울분을 자녀들에게 퍼부었다.

아이들은 비뚤어진 성격을 갖게 되었고 가정이 엉망이 되어 가는 중에 어느 날 상담이 이루어졌다. 문제가 무엇인가를 살폈다. 그 결과, 이 며느리가 하나님과의 관계에 있어서 온전히 회복되어 있지 않다는 문제가 드러났다. 하나님이 자신을 용서하셨다는 생각도 없고 사랑하신다는 확신도 없었다. 게다가 완벽주의적인 성격 탓에 남편과 시어머니에게 잘하려고 하지만 늘 꼬투리 잡히고 따뜻한 사랑을 받지 못하자 그것이 늘 마음에 걸렸고, 결국 깊은 마음의 병이 든 것이었다. 나는 그녀와 함께 이 말씀을 나누었다.

> "우리가 우리에게 죄 지은 자를 사하여 준 것 같이 우리 죄를 사하여 주시옵고" 마 6:12.

하나님 말씀의 능력은 바로 여기에 있는 듯하다. 그냥 성경 본문을 읽기만 했는데 그녀가 자기 자신과 남편과 시어머니를 돌아보면서 눈물을 흘리기 시작한 것이다. 몇 차례의 상담을 통해 그녀는 "남편과 시어머니는 자신이 감당해야 할 영혼들"이라는 결론에 이르렀다.

"너희가 사람의 잘못을 용서하면 너희 하늘 아버지께서도
너희 잘못을 용서하시려니와 너희가 사람의 잘못을 용서
하지 아니하면 너희 아버지께서도 너희 잘못을 용서하지
아니하시리라" 마태복음 6:14-15

주님이 가르쳐 주신 기도를 드릴 때마다 부딪치는 부분이 있
다는 것을 부인할 성도는 없을 것이다. "우리가 우리에게 죄 지
은 자를 사하여 준 것 같이 우리 죄를 사하여 주시옵고." 이 말
씀의 원리대로라면 우리가 다른 사람을 용서하지 않을 때 우리
의 죄도 용서받을 수 없다. 이어서 나오는 용서에 대한 주님의
말씀은 더욱 강경하다. 사람의 잘못을 용서하면 하나님도 우리
의 잘못을 용서하신다고 말씀하신다. 그러면 용서 속에 숨겨져
있는 은혜를 살펴보도록 하자.

1. 나의 작은 용서는 하나님의 큰 용서를 담는 축복의 잔이 된다.
용서는 죄를 묵인하는 것이 아니다
우리는 하나님의 큰 용서를 받기 위해 먼저 주변사람들 사이
에서 작은 용서를 자주 연습하며 실천해야 한다. 그러기 위해
먼저 자신의 죄를 돌아보고 철저히 회개함으로써 자신부터 용
서하는 일에 익숙해져야 한다. 그 후에야 다른 사람의 잘못을

용서해 줄 수 있는 여력이 생기는 것이다.

2. 용서는 남을 살리는 길이다

정죄는 사람을 죽이는 것이다. 정죄를 당하게 되면 그 사람은 좌절감 속에 빠져 살 소망을 잃어버리게 된다. 그러므로 정죄는 생명을 포기하게 만드는 무형의 살인 행위이다. 그러나 용서는 사람을 살린다. 용서는 상처 난 곳을 싸매어 주고 허물을 덮어 주는 연고제와 같다. 용서라는 연고제를 바르면 금세 새 살이 새록새록 돋아난다. 용서는 죄인에게 새로운 소망을 안겨 주고, 용서받은 사람은 어둠 속에서 빛을 바라보게 된다. 주님이 우리를 용서하심으로 우리가 생명을 얻었듯이 우리의 용서는 다른 사람에게 또 다른 생명을 부여해 주는 길이 된다. 희망과 생명으로의 인도, 그것은 용서만이 지닐 수 있는 가장 아름다운 열매이다.

3. 용서는 궁극적으로 자신을 살리는 일이다

용서가 없는 마음에는 미움이 자리를 잡고 있어서 그 사람을 괴롭힌다. 언제나 용서치 못하는 마음에는 냉랭함이 흐르고 사랑이 자리할 수가 없다. 그러나 용서는 이 모든 것을 뒤바꿔 놓는다. 사랑에 기쁨이 충만하듯이, 용서에는 기쁨이 샘솟는다. 용서할 때만 얻을 수 있는 독특한 선물이 있다. 용서는 고독을 기쁨으로, 절망을 희망으로, 그리고 죽음을 생명으로 바꾸어 준다. 이것이 용서하는 사람이 누릴 수 있는 축복이다.

우리가 용서받기 위해서는 마땅히 용서해야 한다. 내가 엄청난 용서를 받은 자이기에 삶에서 일어나는 다른 사람의 과실에 대해 마땅히 용서해야 한다는 사실을 기억하라.

Quiet Time

1. 당신은 주님이 가르쳐 주신 기도를 할 때마다 가책을 받는 부분이 있는가?
2. 당신의 과실을 용서해 주실 것이나 먼저 형제의 과실을 용서하라는 하나님의 말씀을 읽을 때 어떤 생각이 드는가?
3. 당신은 이렇게 말씀하시는 하나님이 부당하다고 느껴지지는 않은가?

chapter 8

값진 용서의 은혜를 깨닫게 하라

누군가를 용서한 후에 뭉글뭉글 피어오르는 기쁨을 맛본 적이 있는가? 어떤 영화에 나온 이야기를 소개하겠다.

세계대전 때 한 장교가 지나가다가 적군을 죽였다. 전쟁 중이 아닌 휴전 시에는 쉬고 있는 적군을 죽이면 안 된다는 전쟁의 법칙을 무시하고 그만 잘못으로 쉬고 있는 병사를 죽인 것이다. 전쟁은 끝났고 그는 제대하여 집으로 돌아왔다. 하지만 그의 마음속 깊은 곳에 도사리고 있던 죄책감은 사라지지 않았다. 죄책감에 시달린 장교는 술을 먹기 시작했고, 결국 늘어만 가는 술은 그를 망가뜨렸다. 결국 그는 자살로 인생의 마침표를 찍었다.

이 영화를 보면서, 그가 하나님을 믿었으면 아마도 다른 인생을 택하지 않았을까 생각해 보았다. 하나님과의 관계 속에서 자신의 가치를 인식하고, 자신에 대한 하나님의 기막힌 사랑을 배우고, 하나님의 용서 이후에 그 이상의 용서, 그 이하의 용서가 없음을 알았다면 장교로서 하지 않아야 할 일을 했다는 죄책감도 떨칠 수 있었을 것이고, 억울하게 죽은 병사의 생명 값에 대한 용서를 빌었을지도 모른다. 자신을 용서하지 못한 사람은 결국 자기 스스로를 파멸의 구덩이로 몰아버린다.

"자신을 위해 용서해야 하는 것!" 이것이 용서의 당위성이다.

한 여대생이 찾아왔다. 그 학생은 중학교 2학년 때 친아버지에게 겁탈을 당했다. 죽기보다도 더 하기 싫은 자신의 이야기를 어렵게 꺼낸 그녀는 이내 끊었다가 이었다가를 반복했다. 그 이야기를 듣는 나도 '친아버지가 어떻게 그럴 수가 있을까?' 하는 생각에 울화가 치밀었다. 아무리 생각할수록 도저히 이해가 안 되었다. 아니, 절대로 이해하고 싶지 않았다. 친아버지가 아내가 없는 때를 틈타 자기 친딸을 겁탈하고 그 보상으로 옷을 사 주고 필요한 것을 사 주는 과정들을 들으면서 정말 분노가 치밀었다. 그녀는 고등학교에 올라가면서 자살을 몇 번 시도했다고 한다.

이야기를 듣고 있는 나도 '절대로 용서할 수 없다.'는 생각이 들었는데 그녀는 어떠했겠는가? 칼에 베인 듯 저린 아픔이 온 가슴에 퍼지는 듯했다.

이런 나쁜 아버지를 둔 덕택에 우리가 "하나님 아버지!"라고 부르는 그 사랑의 고백을 그녀가 이해하지 못하는 것은 당연했다. 그녀는 하나님도 "아버지"라고 불리니 분명 나쁜 분일 것이라고 생각해 왔다고 한다. 가까이 지내는 어느 집사님은 기도할 때마다 "하나님 아버님"이라고 불렀다. 이유를 물었더니 친아버지가 너무나 무서웠기에 "하나님 아버지"가 아니라 "하나님 아버님"이라고 해야 할 것 같다고 했다.

이처럼 육신의 아버지의 실상을 좇아서 보이지 않는 하나님 아버지의 초상화를 그리는 것이 인간의 한계이다.

그녀는 집을 나와서 기숙사 생활을 했지만 아버지를 용서할 수 없었기에 방탕한 생활을 하며 자신을 파멸로 이끌어 갔다. 나는 이야기를 들으면서 떠오르는 성경말씀을 들려주었다.

"우리가 아직 죄인 되었을 때에 그리스도께서 우리를 위하여 죽으심으로 하나님께서 우리에 대한 자기의 사랑을 확증하셨느니라" 롬 5:8.

친아버지는 대신 죽어 주지도 못하고 그녀를 괴롭힐 수도 있지만, 하나님 아버지는 죄인 된 그녀를 위해서 대신 죽어 주셨다고 말해 주었다. 그녀는 자신이 죄인이라는 것은 인정했다. 하지만 죄인인 자신을, 아들을 죽이시기까지 사랑하셨다는 그 하늘 아버지에 대해서는 완강히 거부했다. 하나님은 육신의 아버지와는 다르다고 거듭 설명했지만 소용이 없었다.

"내 부모는 나를 버렸으나 여호와는 나를 영접하시리이다"
시 27:10.

이 말씀에 따라 부모님은 그녀를 버렸지만 하나님은 버리지
않으신다고 말해 주자 그녀는 울면서 항거했다.
"우리 부모는 나를 버린 것이 아니라 나를 파멸시켰어요!"
나는 오열하며 우는 그녀를 끌어안고 위로했다. "그래도 자
매님! 부모는 자매님을 버릴지라도 하나님은 자매님을 절대 버
리지 않으신다고 약속하셨어요."
이어서 나는 최고의 토크쇼 진행자 오프라 윈프리는 아버지
에게 성폭행을 당했을 뿐 아니라 또 다른 사람들에게 성폭행을
당하면서 사생아로 살았지만 자신을 극복했기 때문에 성공할
수 있었다는 이야기를 들려주었다. 그제야 그녀는 용기를 얻기
시작했다. 자신과 같은 처지의 사람이 성공했다는 이야기를 듣
자 회복되기 시작한 것이다. 아버지로 인해 지을 수밖에 없었
던 근친상간의 죄, 그리고 이후에 스스로 자초한 타락의 길에
서 지은 방탕한 죄들을 하나님 우리 아버지가 용서하셨다는 것
을 깨닫기 시작했다.
마침내 그녀는 죽어도, 결단코 용서할 수 없다던 아버지를
용서했고, 하나님의 사랑을 가지고 아버지를 전도하기 시작했

다. 하나님의 능력의 손에 붙잡혀 과거의 불행을 먼지처럼 말끔히 털어버릴 수 있었다.

용서는 나를 자유케 하는 것이다.
용서는 나를 행복케 하는 것이다.
용서는 나를 편안케 하는 것이다.

그 누구를 위해서가 아니라 나를 위해 용서하라고 주님은 말씀하신다. 이것이 용서의 당위성이다.

"사랑하는 자들아 우리가 서로 사랑하자 사랑은 하나님께 속한 것이니 사랑하는 자마다 하나님으로부터 나서 하나님을 알고 사랑하지 아니하는 자는 하나님을 알지 못하나니 이는 하나님은 사랑이심이라 하나님의 사랑이 우리에게 이렇게 나타난 바 되었으니 하나님이 자기의 독생자를 세상에 보내심은 그로 말미암아 우리를 살리려 하심이라 사랑은 여기 있으니 우리가 하나님을 사랑한 것이 아니요 하나님이 우리를 사랑하사 우리 죄를 속하기 위하여 화목제물로 그 아들을 보내셨음이라 사랑하는 자들아 하나님이 이같이 우리를 사랑하셨은즉 우리도 서로 사랑하는 것이 마땅하도다" 요한일서 4:7-11

"이에 주인이 그를 불러다가 말하되 악한 종아 네가 빌기에 내가 네 빚을 전부 탕감하여 주었거늘 내가 너를 불쌍히 여김과 같이 너도 네 동료를 불쌍히 여김이 마땅하지 아니하냐 하고" 마태복음 18:32-33

약자이기 때문에 꼼짝없이 당할 수밖에 없는 구구절절한 사연들이 우리 주변에는 너무나 많다. '내 인생을 송두리째 망쳐 놓은 그 사람을 어떻게 용서할 수 있단 말인가?' 사람의 생각으로는 도무지 용서의 계산이 맞지 않는다. 그러나 하나님은 셈을 맞춰 보라고 하시면서 그런 사람도 용서하고 사랑할 수 있는 비결을 가르쳐 주셨다. 그것은 바로 나를 용서해 주신 하나님의 사랑의 깊이와 넓이, 높이를 아는 것이다.

1. 하나님이 먼저 우리를 사랑하셨다

인간이 자기 스스로 하나님을 찾고 사랑하는 데서부터 용서가 시작되는 것이 아니라, 하나님이 먼저 인간을 찾으시고 사랑하셨다는 데서부터 용서가 시작된다. 하나님의 사랑은 "먼저 사랑"이다. 사랑은 하나님께 속한 것이다. 하나님의 사랑이 우리에게 임하기 전에 우리는 참 사랑이 무엇인지 몰랐다. 하나님은 하나님의 사랑을 먼저 받은 자가 먼저 용서하라고 명하셨다.

2. 예수 그리스도를 통해서 용서를 가르쳐 주셨다

하나님은 하나님을 거역하고 미워하며 배반한 자들을, 아들을 죽게 하시면서까지 용서하시고 사랑하셨다. 이러한 용서를 받은 우리, 이러한 사랑을 받은 우리는 마땅히 서로 용서하고 사랑해야 한다. 만일 우리가 용서할 수 없다면 그것은 하나님의 값진 사랑을 무용하게 만드는 행위이다. 일만 달란트의 빚을 탕감받았다는 사실이 인정될 때, 일백 데나리온을 빚진 동료를 용서할 수 있는 것이다.

용서의 시작은 더 큰 용서를 받았다는 사실에 대한 인정과 함께 예수 그리스도의 십자가의 사랑을 깨닫는 데서 이루어진다. 나의 죄를 위해서 대신 고난을 받으시기까지 우리를 사랑하신 주님의 사랑과 용서 앞에서 우리는 할 말을 잃게 된다.

용서에 관한 한, 일만 달란트 빚을 탕감받은 우리는 일백 데나리온 빚진 자 앞에서 유구무언이 될 수밖에 없다. 그러기에 그 학생이 자신의 인생을 망쳐 놓은 아버지를 용서할 수 있게 된 것이다.

Quiet Time

1. 당신은 얼마짜리 용서를 하나님께로부터 받았는가? 하나님의 사랑 안에서 셈을 해보라.

2. 하나님의 사랑이 당신의 원수에 대해서 얼마나 용서할 수 있는 마음을 갖게 하는가?

3. 용서할 수 없는 사람을 용서했을 때 얻은 전리품들을 진열해 보라.

chapter 9

용서로 갈등을 해결케 하라

용서를 하면 많은 축복을 받는다. 하나님이 주신 자유와 평안이 우리 안에 가득하게 된다. 반면 용서를 하지 못하면 그 마음 속에는 부글부글 끓어오르는 "분노 군"과 이글이글 타오르는 "복수 양"이 공존하게 된다. 이 분노 군과 복수 양은 우울증 딸과 정신분열증 아들을 낳게 된다. 그리고 이 해로운 마음들로 인해 아주 고통스럽고 난감한 어려움에 빠지게 된다.

비등한 예를 소개하려 한다. 용서하지 못하는 비극적인 사태는 상처를 준 사람이 상처를 줬다고 생각하지 않는 데서 출발한다. 한 번쯤 '혹 내가 상처를 주었나?'라고 생각해 본다면 쉽게 풀릴 텐데, 자기 자신을 결코 돌아보지 못하고 오히려 상처를 받았다고 생각하는 데 문제가 있는 것이다.

A집사님이 교회 안에서 봉사를 하다가 함께 있던 B집사님의 말 한마디로 인해 상처를 받게 되었다. 큰 실수를 했거나 큰 문제를 일으킨 것은 아니었지만 그만 사소한 말 한마디로 인해 상처를 받고 말았다. 이 사소하고도 작은 상처는 마음의 앙금으로 남아 삭히고 묵혀졌다. 그러던 중 사건이 터졌다. 어느 날 B집사님이 한 번 약속을 안 지키자 그간 묵혀 두었던 앙금이 모두 터져 버린 것이었다.

"도무지 약속을 제대로 지키는 때가 없네요. 집사님은."

"어쩌다 한 번 못 지킨 거지, 내가 언제 때마다 약속을 안 지켰어요?"

이렇게 시작된 서로의 불편함은 마음의 상처가 되었고, 그 상처들은 쌓여 복수심으로 크게 불어났다. 그런 상태였으니 서로 하는 일에 얄궂게 방해하기 시작했다. 또 상한 마음을 털어놓을 데가 없어 집에 가서 자녀들에게 자신의 입장을 하소연하고 상대방을 헐뜯었다. 그러자 그 문제가 자녀들에게까지 대물림되어, 두 집안의 자녀들이 대학부에서 만났지만 피차 서로의 일을 방해하고 반대하는 어머니들의 모습을 연쇄적으로 그대로 표출했다.

일이 이 지경이 되자 A집사님이 나를 찾아와서 하소연했다.

"전도사님, 정말 B집사님을 용서할 수 없어요. 어떻게 하나님을 믿는 사람이 그럴 수가 있어요?"

나는 상담을 하는 동안 메모를 했다. 이야기를 쭉 들은 후 B 집사님께 당했다고 말한 것을 적은 부분을 보여 주면서 말했다.

"집사님, 이분이 집사님께 큰 빚을 진 것도 아니고, 폭행을 한 것도 아니고, 사기를 친 것도 아니네요. 말 한마디로 받은 상처 때문에 B집사님이 약속 한 번 안 지킨 것을 곱게 봐 주지 못했고, 결국 이제 자녀들에게까지 이어졌는데, 이게 그럴 만한 일인가요? 사소한 문제를 이렇게 크게 만든 것은 성도로서 하나님 앞에서 올바른 행동이 아닌 것 같습니다."

그 집사님은 메모를 한참 보더니 객관성을 가지고 자신의 문제를 보기 시작했다. 결국 그녀는 "문제가 이거였군요! 별것도 아닌데 문제를 크게 만들었네요!" 하고 인정하면서 부끄러워했다. 그녀는 상대방만이 변화되기를 바랐던 이기적인 자신의 모습을 되돌아보기 시작했다.

용서라는 상품에도 "유통기한"이 있고 "유효기간"이 있다는 것을 깨달았다. 만약 용서의 유효기간을 지켰더라면 자식에게 까지 대물림하는 부끄러운 드라마를 제작하지는 않았을 것이라며 안타까워했다.

A집사님은 자신이 먼저 변화하기를 자원했고, 말씀을 통해 받은 은혜를 누리며 살게 되었다. 점점 마음의 상처도 치유되어 갔고, 상대편 집사님이 화를 내며 대들면 하나님이 주시는 평안한 마음으로 대해 갔다. 그러다 보니 어느새 피차에 안 좋았던 앙금들이 사라지고 연합의 물결을 그려 나갔다. A집사님

의 변화된 태도로 B집사님에게도 변화가 일어났고 시간이 지나자 서로는 오해를 풀었다. 서로에게 쌓인 앙금과 불신, 분노와 복수심은 하나님의 말씀으로 인해 자유와 평안으로 변화되었다. 용서하지 못하게 하는 것은 사단이 쳐 놓은 덫이다.

"근심하게 한 자가 있었을지라도 나를 근심하게 한 것이 아니요 어느 정도 너희 모두를 근심하게 한 것이니 어느 정도라 함은 내가 너무 지나치게 말하지 아니하려 함이라 이러한 사람은 많은 사람에게서 벌 받는 것이 마땅하도다 그런즉 너희는 차라리 그를 용서하고 위로할 것이니 그가 너무 많은 근심에 잠길까 두려워하노라 그러므로 너희를 권하노니 사랑을 그들에게 나타내라 너희가 범사에 순종하는지 그 증거를 알고자 하여 내가 이것을 너희에게 썼노라 너희가 무슨 일에든지 누구를 용서하면 나도 그리하고 내가 만일 용서한 일이 있으면 용서한 그것은 너희를 위하여 그리스도 앞에서 한 것이니 이는 우리로 사탄에게 속지 않게 하려 함이라 우리는 그 계책을 알지 못하는 바가 아니로라" 고린도후서 2:5-11

용서하지 못하는 것은 사단에게 스스로 속고 있는 것이라고 바울은 명하고 있다.

마음속에 분노가 일어날 때 대부분의 사람들은 자신에게서 원인을 찾으려 하지 않고 남에게서 찾으려고 한다. 그 결과, 해결의 실타래는 꼬이기만 한다. 어떻게 하면 좋은 인간관계를 가질 수 있을까? 어떻게 해야 갈등하지 않는 그리스도인의 아름다운 모습을 보여 줄 수 있을까? 문제는 간단하다. 자신이 먼저 변화되어야 할 사람이라는 것을 인정하기만 하면 문제는 쉽게 풀린다.

고린도교회에서 한 성도가 바울의 사도직에 대해서 시비를 걸고 비판함으로써 많은 성도들이 상처를 입었다. 이렇게 자신을 괴롭힌 자에 대해서 바울은 용서하고 위로하며 사랑을 보여 주라고 권면하고 있다.

1. 잘못한 사람이 돌이킬 수 있도록 회개의 기회를 주어야 한다

교회는 죄를 지은 사람을 벌하고 예수님에게서 떠나도록 하는 곳이 아니다. 죄인을 변화시키고 회개케 하기 위해서 교회가 징계도 하고 출교도 하는 것이다. 그가 고통 가운데서 회개하고 돌아오면 받아 주고 용서하는 사랑으로 안아 주어야 한다. 아무리 우리를 헐뜯고 괴롭혀도 그가 회개하고 돌아오도록 하기 위해서 책망해야지 그를 멸망시키기 위해서 책망해서는 안 된다. 잘못한 사람을 책망할 때 조심해야 할 것은 낙심하지 않도록 하는 것이다. 교회에서 징계를 할 때는 사랑과 용서를 가지고 해야 하며, 절망하거나 낙심하지 않고 회개하여 구원받을 수 있도록 해야 한다.

2. 우리 모두는 주님의 십자가 앞에서 용서받은 자들이므로 서로를 용서해야 한다

바울은 자신을 괴롭힌 자가 회개했으므로 용서하고 받아들이라고 권면하고 있다. "그리스도 앞에서" 용서한다는 말씀 가운데에는 바로 자신이 주님의 십자가 앞에서 용서받은 죄인이라는 겸손한 고백이 담겨져 있다. 바울은 자신이 그리스도를 핍박했던 그 큰 죄에서 용서함을 받았기 때문에 자신을 괴롭히는 어떤 자도 용서할 수 있다고 말한다 딤전 1:16. 우리도 이미 주님으로부터 용서를 받았다. 그러므로 우리는 용서해야만 한다.

3. 주님의 몸 된 교회를 세우기 위해서 용서하고 위로하고 사랑해야 한다

사단은 주님의 몸 된 교회를 훼방하기 위해 온갖 수단과 방법을 다 동원한다. 조그마한 틈만 보여도 비집고 들어와 파괴하려고 한다. 만일 교회 안에서 죄인이 회개를 했는데도 용서하지 않는다면 마귀는 미움을 이용해서 교회를 어지럽히고 분쟁을 일으킬 것이다. 지혜로운 성도라면 마귀가 틈을 타게 해서는 안 된다 엡 4:27-32.

chapter 10

불쌍히 여기는 마음을 가지게 하라

초등학교 시절 미술 시간에 도화지를 반으로 접어 한 쪽에 온 갖 물감을 짜 놓고 살며시 포개어 본 적이 있는가? 펴 보면 알록달록 양쪽에 너무나 닮은, 똑같은 모양이 나온다.

이처럼 우리 마음의 도화지를 반으로 접어 한 쪽에 용서라는 물감을 짜 놓고 살며시 접으면 다른 한 쪽에 하나님의 사랑이 진하게 나타나게 된다. 이러한 데칼코마니 사랑을 경험해 보았는가?

하나님은 다양한 별명을 가지고 계신다. "구원이신 하나님", "힘이 되신 하나님", "선하신 하나님", "용서의 하나님" 등 너무 많아 다 열거할 수가 없다. 많은 별명들 가운데 "용서의 하나님"에 대해 생각해 보자.

"우리를 용서하신 하나님." 이 별명을 마음속에 떠올리면 우리는 '용서해야 할 텐데'라는 생각과 함께, 그게 잘 안 돼서 무겁게 느껴지는 짐이 있음을 경험한다. 용서는 하나님의 사랑을 제대로 증명해 내는 리트머스 종이이다.

남편의 외도로 사무치는 배신감에 치를 떨던 한 여 성도가 하나님의 품속에서 그 사랑을 가지고 남편을 용서하게 된 과정을 전하고 싶다.

그녀의 남편은 시계추처럼 정확하게 정시에 출근하고 정시에 퇴근하는 성실한 사람이었다. 남편은 신혼 초부터 등산을 하는 습관이 있었다. 잉꼬 부부였지만 그녀는 등산을 싫어했다. 그래서 주일이면 남편은 새벽부터 배낭을 챙겨서 산에 가고 아내는 교회에 나왔다.

그렇게 살아온 지 10년이 지난 어느 날, 일상에 무료해진 아내는 이사를 해서 가족에게 변화를 선물하고 싶다는 생각이 들어 교회에 다녀오다가 부동산에 들렀다. 마침 열려 있는 부동산이 있어 들어간 그녀는 "제가 살고 있는 아파트가 N형인데, S형 아파트 나온 게 있나요?" 하고 물었다.

"아이고, 잘 됐네요. 마침 얼마 전에 나온 게 하나 있어요."

"지금 보러 가죠, 뭐!"

부동산 아저씨와 함께 한 집에 찾아갔다. 부동산 아저씨가 벨을 누르자, "누구세요?" 하며 한 꼬마 아이가 뛰어 나왔다.

"부동산에서 왔다."

꼬마 아이는 "아빠, 부동산이래" 하고 말하고는 안으로 뛰어 들어갔다.

부동산 아저씨가 먼저 들어가고 뒤를 이어 그녀가 들어가면서 "집 좀 볼게요"라고 했는데, 기가 막히게도 자신들을 반갑게 맞이해 준 사람이 다름 아닌 자기 남편이었다! 청천 하늘에 날벼락이었다. 드라마에서나 볼 수 있었던 장면이 바로 자기 눈앞에서 가혹한 현실로 나타난 것이었다. 그녀는 그 자리에서 쓰러지고 말았다.

남편은 주일마다 등산을 간 것이 아니라, 아파트 건물 몇 동을 지나서 그 단지 안에 새 살림을 차려 놓은 것이었다. 남편에 대한 배신감, 참을 수 없는 분노, 철저한 이중성, 그러고도 끊임없이 자신에게 잘해 주는 완전범죄 앞에 그녀는 부들부들 치를 떨었다. 와르르 쾅! 한 순간에 모든 것이 무너졌다.

"다른 것은 생각할 겨를이 없어요. 전도사님, 남편에 대한 불신! 이 불신의 문제가 해결 안 되면 우리 아이들마저도 어떻게 해야 할지 모르겠어요."

나는 남편에게 변명할 수 있는 기회를 한번 주자고 설득하며 이야기를 풀어 가기 시작했다. 남편은 회사에서 알게 된 여직원과 가까워졌고, 그 관계가 자신도 모르는 사이에 조금씩 발전되어 결국 살림까지 차리게 되었노라고 했다. 하지만 아내를 여전히 사랑한다고 했고 그 여직원도 싫지 않다고 했다.

내가 그녀에게 이혼할 수 있겠느냐고 물었더니 "지금 당장이라도 이혼하고 싶어요!"라고 했다. 나는 그녀에게 제안했다. 이혼은 언제든지 가능하니, 먼저 하나님이 원하시는 것이 무엇인지 생각을 한번 정리해 보자고 했다.

"남편의 실체가 드러나기 이전을 생각해 보세요. 교회에 안 나오는 것 빼고는 남편의 모든 점을 신뢰하며 살지 않았나요? 여태껏 믿어 왔던 남편의 좋은 점들을 지금의 이 일 때문에 싸잡아 매도하지는 말기로 해요. 그저 실수라고 여겨 주고, 남편이 최종결정을 내리도록 기다려 주는 것은 어떨까요? 이 모든 일에 대해 남편이 하나님 앞에서 책임질 수 있게 해봐요."

수차례 뒤집어지는 씨름 속에서 그녀는 6개월 간의 상담을 통해 진정 이해되지 않는 남편을 향해 조금씩 마음을 열기 시작했다. 죽음과 같은 6개월의 기간이 있었지만, 그녀는 다른 여자의 아이까지 품기로 결정했다. 남편을 용서하고 하나님의 사랑을 증명해 보였다. 마치 도화지의 그림처럼….

인자하게 여기고 불쌍히 여기는 마음은 사람의 것이 아니다. 하나님의 사랑이 아주 가까이에 머물고 있다는 작은 신호이다.

> "너희는 모든 악독과 노함과 분냄과 떠드는 것과 비방
> 하는 것을 모든 악의와 함께 버리고 서로 친절하게 하며
> 불쌍히 여기며 서로 용서하기를 하나님이 그리스도 안
> 에서 너희를 용서하심과 같이 하라" 에베소서 4:31-32

철저히 믿었던 사람에게서 배신을 당해 분노가 가슴속에서
부터 차 올라 도저히 진정할 수 없을 때 우리는 누구를 찾게 될
까? 그 대상은 분명 사람은 아닐 것이다. 왜냐하면 사람에게서
는 더 이상의 위로를 받을 수 없다는 것을 철저하게 깨달았기
때문이다. 특히 남편의 외도는 아내에게 있어서 생명이 끊어지
는 듯한 아픔의 순간이며 망연자실의 연속일 것이다. 그러나
문제의 해답은 언제나 주님의 말씀 안에서 찾을 수 있다.

1. 마음속의 감정으로부터 시작해서 행동에 이르기까지 악한 것을 버릴 때 용서가 가능하다는 것을 가르쳐 준다

악의는 마음에 숨겨져 있는 내면의 더러움이다. 특히 악독
은 자제심을 잃고, 독기를 품고, 남을 해치고 복수하려는 마음
을 말한다. 이것을 마음에서 제거하지 못하면 노함이라는 악의
에 찬 격렬한 감정의 폭발이 나타나게 된다. 노함이 발전하면
분냄이란 만성화 된 노여움이 마음속에 자리를 잡게 되고, 냉

정함을 잃고 상대방에게 큰소리로 욕설을 퍼붓는, 떠드는 자의 격렬한 감정 폭발의 상태에까지 이르게 된다. 더 나아가 상대방의 인격적 가치를 무시하고 모욕을 주는 훼방의 태도로 악의가 번져 가는 것을 막을 수가 없다. 인간관계는 우리의 마음속에 있는 악의를 제거하는 것에서부터 시작된다. 우리가 악을 버리고 선함을 채울 때 미움과 분노를 조절할 수 있게 되어 용서하는 사랑을 실천하게 된다.

2. 상대방을 불쌍히 여기는 마음이 생길 때 용서할 수 있다는 것을 가르쳐 준다

인자함이란 하나님의 속성을 설명하는 말이다롬 2:4. 이것은 친절함과 자비로움을 나타내는 말이다. 인자함과 불쌍히 여김이 결합되면 형제의 괴로움을 자신의 것처럼 생각하고 함께 고통을 나누고자 하는 지체의식이 생기게 된다. 용서는 인간관계에 있어서 가장 근원적인 덕목 중 하나이다.

주님의 십자가의 사랑으로 용서함을 받은 자라는 의식이 마음 밑바닥에 새겨져 있는 사람은 어떤 사람에 대해서도 빚진 자의 마음으로 용서하는 삶을 살게 된다. 하나님의 헤아릴 수 없는 자비와 인자하심으로 자신의 모든 죄가 용서받았다는 것을 깨닫기 시작하면 자신을 배반한 사람과 자신에게 상처 준 사람을 용서하기가 조금은 쉬워질 것이다.

진정한 용서는 불쌍히 여기는 마음에서 시작된다. 하나님이 우리를 불쌍히 여기사 우리의 죄를 사하시고 용서하신 것처럼 하나님의 마음으로 상대를 바라보면서 불쌍히 여기는 것이다. 시편 103편의 말씀처럼 불쌍히 여기는 마음은 모든 죄를 덮고 용서하게 해준다.

Quiet Time

1. 당신은 인생을 살아가는 동안 믿었던 사람에게서 배신을 당한 경험이 있는가?

2. 당신을 배신한 사람에 대해서 어떤 마음이 들었는가?

3. 당신을 배신한 사람을 불쌍히 여기며 용서한 경험이 있는가?

chapter 11

용서를 위해 과감히 희생케 하라

"용서"라는 단어로 2행시를 지어 보았다.

용 : 용감하게

서 : 서로 받아들이는 것

용서를 먼저 할 수 있는 사람은 진정 용감한 사람이다. "용 감한 사람" 하면 우리는 잘 훈련된 병사나 불의 앞에서 자신을 던진 씩씩한 사람을 떠올린다. 그러나 '용서해? 아니야. 용서 못해?'라는 두 마음 사이에서 해산의 고통 같은 몸부림을 쳐 본 사람이라면 "용서하는 사람 = 용감한 사람"이라는 공식에 고개를 끄덕일 것이다. 내가 먼저 손 내밀어 용서할 수 있는 사람은 잘 훈련된 병사 못지않은 용사이다. 당신의 용감지수는 얼마인가?

"용서" 이 단어는 두 음절에 불과하지만 이것을 실천하는 데는 많은 시간이 걸리고 사람의 진액을 다 뽑아 버린다. "용서가 안 된다"라고 하면 흔히들 "그냥 잊어버려" 하고 쉽게 말하지만 잊으려고 노력할수록 더욱 새록새록 되살아나는 고약하고 묘한 것이 바로 "용서 안 됨"이다. 용서는 잊어버리면 끝나는 것이 아니다. 기억상실증에 걸리도록 최면을 걸어 두면 해결되는 것도 아니다. 시시하게 최면 따위를 걸지 않고 지혜롭게 탈출할 수 있는 비상구는 없을까?

용서할 수 없는 나쁜 기억 위에 기분을 상쾌하게 해주는 좋은 기억을 덮어씌우면 어떨까? 예를 들어, 유행가가 녹음된 카세트테이프가 있다고 하자. 시간이 지나자 그야말로 유행가라 좀 싫증이 났다. 마음에 드는 곡으로 다시 녹음하고자 할 때 아예 다 지우고 다시 녹음을 할 수도 있지만 대개는 녹음되어 있는 그 부분 위에 바로 덮어씌우며 마음에 드는 곡으로 녹음을 한다. 왜냐하면 이 방법이 더 쉽기 때문이다.

변화가 가능해 보이는 쉬운 것부터 하나씩 접근하는 것이다. 죽어도 용서할 수 없는 상대의 잘못한 부분에 끙끙거리며 목숨을 걸지 말고 오히려 그 사람과 좋았던 부분들을 떠올리며 덮어씌우기를 해보는 것이다.

요즘 결손 가정의 학생들이 제법 있다. 결손 가정의 아이들은 사춘기를 넘길 때 일반 가정의 아이들보다 더 많은 갈등과 고통의 소용돌이를 겪는다. 소위 "문제아"라고 불리는 그들의 배경에는 거의 문제 부모가 존재한다. 이 둘은 샴쌍둥이같이 따라다니는 관계를 맺고 있다.

부모의 이혼을 뻔히 보고도 이럴 수도 저럴 수도 없는, 엄마 쪽에도 아빠 쪽에도 설 수 없었던 중학교 3학년 학생이 있었다. '누가 낳아 달라고 했나? 낳기만 하면 장땡이야? 왜 책임을 안 져? 갈라질 거면 아예 낳지를 말지 왜 낳은 거야?' 하면서 자신을 낳은 부모를 원망하고, 이혼이 유행병처럼 돌아 대수롭지 않게 행해지는 세상을 원망하며 자신을 점점 파멸시켜 갔다.

이혼의 원인은 시댁에 있었다. 시댁에서 끊임없이 며느리에게 돈을 요구했던 것이다. 남편은 모 대기업의 간부였는데 그의 모든 월급은 시댁으로 갔다. 더욱 말이 안 되는 것은 시부모가 돈을 잘못 관리해서 빚이 쌓인 바람에 며느리에게 친정에서 돈을 가지고 오라고 시켰다는 것이다. 그들은 남편에게서 생활비도 전혀 받지 못하는 며느리를 안중에도 두지 않았다. 이 며느리는 시부모의 등살에 못 이겨, 그리고 아이를 교육시켜야 하기 때문에 계속 친정에서 돈을 가져 와야 했다. 이런 악순환이 계속되는 중 자신도 죽이고 친정도 죽이는 일을 계속 할 수는 없다는 생각에 드디어 이혼을 결단하게 되었다.

아이에게 할머니, 할아버지, 아빠의 이야기를 하고서 이해를 구한 뒤에, 결국 아빠와 헤어져야 되겠다고 말한 후 이혼을 했다. 물론 남편은 이혼을 극구 반대했지만 삶에 지친 아내가 이혼을 안 해주면 죽겠다고 하니까 할 수 없이 이혼을 허락했다.

그러자 이때부터 아이의 방황이 시작되었다. '부모님을 용서할 수 없어.'라는 생각과 '낳았으면 책임을 져야지.' 하는 생각으로 방황의 시간을 보내다가 나를 찾았다. 부모 이혼의 핵심 문제점이 이런 돈 문제라면 이 아이가 중재 역할을 잘해서 부부의 끈을 다시 이을 수도 있겠다는 생각이 들었다. 아이에게 성경말씀을 읽어 주며 말했다.

"그러므로 사랑을 받는 자녀 같이 너희는 하나님을 본받는 자가 되고 그리스도께서 너희를 사랑하신 것 같이 너희도 사랑 가운데서 행하라 그는 우리를 위하여 자신을 버리사 향기로운 제물과 희생제물로 하나님께 드리셨느니라" 엡 5:1-2.

"주님이 주시는 지혜로 네가 선한 제물이 된다면 엄마나 아빠가 주님 안에서 새로운 삶을 살 수 있을지도 모르겠구나. 할아버지, 할머니를 만나서 엄마, 아빠의 이혼 사유를 이야기해 보면 어떨까?"

아이는 내가 일러준 대로 할머니, 할아버지를 만나서 엄마가 이혼할 수밖에 없었던 이유와 아빠의 우유부단함에 대해 설명해 나갔다. 앞으로도 새엄마라는 존재는 결코 받아들일 수 없다는 이야기도 잊지 않았고, 새엄마가 온다고 해도 지금과 같은 일은 반복될 것이라는 이야기도 덧붙여 조목조목 말했다.

손주를 귀하게 여기셨던 할머니, 할아버지는 이야기를 듣고 있다가 손주가 엄마를 따라가겠노라고 하자 펄쩍 뛰면서 말했다.

"얘야, 이러니저러니 해도 너는 박씨 집안의 아들이다! 네가 정 엄마에게 가겠다면 법정공방을 해서라도 너를 못 가게 할 거야."

"할머니, 저는 이제 중 3입니다. 법정에서도 제 의지로 엄마에게 가겠다고 하면 갈 수 있다는 것을 알고 있어요. 제가 가는 게 싫으시면 엄마를 오게 해주세요. 이혼도 취소시켜 주시구요. 이렇게는 못 살겠어요. 더 이상 엄마에게 돈 가지고 오라고 하지 마세요! 제발요!"

그 후 아이는 하나님께 기도하며 매달렸다.

"이 땅에 저처럼 고통 당하는 아이가 없게 해주세요. 엄마, 아빠가 화해하고 하나님 앞에서 행복한 가정이 되게 해주세요!"

그리고 아이는 엄마도 만났다.

"엄마는 잘못한 게 하나도 없어? 아니야. 엄마도 잘못한 게 있을 거야. 그러니 아빠를 용서해 줘."

그렇게 아이가 온 집안 식구들을 차례대로 만나며 중재역할을 톡톡히 한 결과, 이혼했던 부모가 아이의 헌신적인 노력 때문에 합쳐졌다.

"제가 제물이 된다 할지라도 엄마, 아빠가 하나 됐으면 좋겠어요. 할머니, 할아버지도 하나님을 영접해서 새로운 가정이 되었으면 좋겠어요"라고 기도한 중 3 남학생의 기도는 고스란히 응답되었다.

*"그러므로 사랑을 받는 자녀 같이 너희는 하나님을 본받
는 자가 되고 그리스도께서 너희를 사랑하신 것 같이 너
희도 사랑 가운데서 행하라 그는 우리를 위하여 자신을
버리사 향기로운 제물과 희생제물로 하나님께 드리셨느
니라"* 에베소서 5:1-2

용서에는 엄청난 희생이 따른다. 용서하는 사람의 희생은 말
로 표현할 수 없는 고통일 것이다. 원수 된 우리를 하나님이 용
서하실 수 있도록 예수님은 십자가의 고통을 견디셨다. 예수님
이 견뎌 주신 이 고통의 대가로 우리는 하나님과 화목한 관계
를 누리게 된 것이다롬 5:8, 10. 예수 그리스도께서 희생제물 되
심으로 인해서 하나님과 화해를 이룬 것처럼, 아들의 희생적인
헌신으로 부모와 자녀가 화해를 하고, 부부가 하나님 앞에서
서로를 받아들이고 용서하여 아름다운 가정으로 바뀌는 것을
보게 된다.

1. 용서는 용서의 모델이 되신 하나님과 예수님을 본받는 것이다

"그러므로 사랑을 받는 자녀같이 너희는 하나님을 본받는
자가 되고"라는 에베소서 5장 1절의 말씀처럼 우리는 하나님
이 우리를 용서하신 그 본을 따라서 살아야 한다. 즉 하나님은

우리를 위해 하나밖에 없는 외아들을 내어주실 만큼의 희생을 감당하셨다. 그러므로 우리에게도 그런 희생을 본받아 감당해 보라고 하시는 것이다. 하나님이 거룩하신 것처럼 거룩해야 하고 하나님이 자비로우신 것처럼 자비로워야 한다는 것이다. 하나님의 성품을 본받아야 하는 것이다. "사랑을 받는 자녀같이"라는 말씀은 "얼굴 생김새에 있어서나 내면의 기질에 있어서나 부모를 쏙 빼닮은 자녀같이"라는 말이다. 우리는 하나님의 특별한 사랑을 받는 자녀이기 때문에 하나님을 본받아 용서하는 삶을 흉내 내며 살아야 한다.

2. 용서에는 제물이 되는 희생이 따른다

"사랑 가운데서 행하라"는 2절 말씀은 우리가 행동해야 할 목표를 말해 준다. 그리스도께서 우리를 사랑하신 것같이 하는 것이 우리의 행동 목표이다. 우리를 사랑하신 하나님은 외아들을 내어주시는 희생을 감수하셨고, 우리를 사랑하시는 예수님은 우리를 위하여 친히 제물이 되시는 희생을 감수하셨다. "향기로운 제물"이 되셨다는 것은 그 제물 때문에 하나님이 우리를 용서하셨다는 뜻이다. 우리가 누군가를 용서할 때는 자기에게 있는 것을 희생하는 아픔이 따르게 마련이다. 그러나 엄청난 희생 제물이 따르더라도 용서 후에 받는 축복은 세상의 그 어떤 것과도 바꿀 수 없는 것이다. 부모를 위해서 화해의 제물이 된 학생에게 일어난 일처럼 말이다.

Quiet Time

1. 당신은 누군가를 용서하기 위해 희생 제물이 되어 본 적이 있는가?

2. 화목 제물이 되어 주신 예수님 때문에 당신과 하나님이 화해하게 되었다는 사실을 어떻게 생각하는가?

3. 당신은 부모를 위해 희생하며 용서하는 자녀인가? 혹은 당신을 위해 희생하며 용서하는 자녀가 있는가?

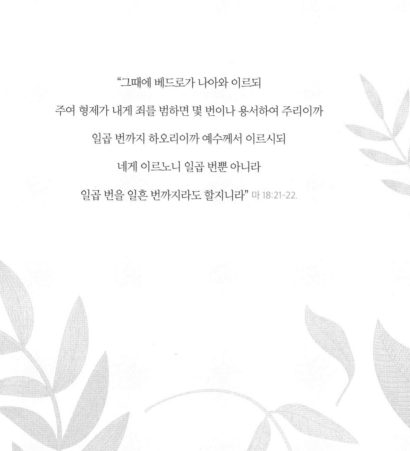

"그때에 베드로가 나아와 이르되

주여 형제가 내게 죄를 범하면 몇 번이나 용서하여 주리이까

일곱 번까지 하오리이까 예수께서 이르시되

네게 이르노니 일곱 번뿐 아니라

일곱 번을 일흔 번까지라도 할지니라" 마 18:21-22.

"시험을 참는 자는 복이 있나니

이는 시련을 견디어 낸 자가 주께서 자기를 사랑하는 자들에게

약속하신 생명의 면류관을 얻을 것이기 때문이라" 약 1:12.

하나님은 겸허하게 자신을 돌아보며
- -
묵묵히 시련을 통과한 자들을 진실한 성도로 인정하신다.
- -
그리고 그들에게 영원한 생명의 면류관을 약속하신다.
- -
뿐만 아니라 이 땅에서도 고난을 이겨낸 승자에게 주시는
- -
응답이 기다리고 있다.
- - - - - - - - - - -

제3원리

사람 세움을
목표로 삼아라

chapter 12

진정한 예배자로 살게 하라

"거룩"이란 무엇인가?

도대체 거룩한 삶이란 무엇을 말하는 것일까? 두 가지 유형의 사람을 놓고 "거룩"에 대해 생각해 보자.

A는 작은 말소리로 조용히 나긋나긋 말하고, 경박스럽게 웃는 일도 결코 없고, 비교적 자기의 주장을 내세우지 않는 다소 곳하고 점잖아 보이는 사람이다.

B는 큰소리로 말하면서 "호호! 하하!" 호탕하게 웃기도 하고, 자기 주장이 강해 의견을 내세울 때가 더러 있는 사람이다.

"이 중 거룩한 사람은 누구일까?"라는 질문지를 받았을 때 A, B 중 어느 사람에게 표시를 할 것인가? 대개는 A에게 표를 줄 것이다. 그러나 성경은 사람의 눈에 보이는 것은 전부가 아니라 빙산의 일각이라고 말한다.

내가 섬기고 있는 교회에서 만난 어느 부부의 이야기이다. 지방에서 올라왔다는 그들 부부를 만났을 때 왠지 신앙생활에 열심인 아내보다 냉담한 듯 무표정한 남편 쪽에 더 시선이 갔다. 상담 중에 그 이유를 알게 되었는데, 바로 아내의 "이중생활" 때문이었다. 그는 교회를 향해 열심이 특심인 아내 때문에 이루 말할 수 없는 속앓이를 하고 있었다. 심지어는 "내 눈에 흙이 들어가기 전까지는 예수를 절대로 믿지 않겠다"라고 말할 정도였다.

남편의 말에 따르면 믿음생활 6년째인 아내는 가정 일을 아예 뒷전으로 하고 교회생활만을 가치 있는 일로 여기며 교회에서 아예 살다시피 한다는 것이었다.

아내의 일상은 이러했다. 주일에는 예배와 봉사로 종일 교회에서 살고, 월요일에는 기도원 출석부에 도장을 찍고, 화요일에는 목사님 심방을 따라 다니고, 수요일에는 수요예배 출석부에 도장을 찍고, 목요일에는 성경을 배우러 다니고, 금요일에는 구역예배와 철야예배에 나가고, 토요일에는 교인들 개업식, 결혼식, 돌잔치, 환갑잔치 등을 찾아다니느라 집안일을 할 틈이 없다는 것이었다. 싱크대에는 씻지 않은 그릇들이 수북이 쌓여 있고, 식탁 위에는 먹다 만 음식들이 말라붙어 있고, 세탁실에는 며칠 동안 쌓아 둔 빨랫감이 산더미를 이루고 있고, 집

안 곳곳에는 먼지덩어리가 목화솜처럼 몽글몽글 굴러다니고, 아이들 도시락은 1년 내내 계란말이와 신 김치!

이렇게 지저분한 집안 모습이 일상의 풍경이 되자, 참다못한 남편이 "제발! 그만 하고 집안 좀 돌봐!" 하고 애원까지 했다고 한다. 그러면 아내는 반성하기는커녕 남편을 향해 "사단아! 물러가라!"고 삿대질까지 해댔다. 그래서 결국 남편은 "내 눈에 흙이 들어가기 전에는 절대로 교회에 안 나가!"라고 선언하게 된 것이다.

가정생활을 등한히 하고 교회생활에만 가치를 두는 그의 아내는 큰 오해를 하고 있음이 분명했다. 바로 "거룩"에 대한 이원론적 사고가 그녀를 잘못된 길로 인도하고 있었던 것이다. 이런 사람들이 교회 안에 더러 있다. 그들은 교회 안에서의 생활은 모두 "거룩"이고, 교회 밖의 생활은 "안 거룩!"이라고 생각하는 잘못된 지식을 가지고 있다. 그녀 역시 잘못된 생각을 하고 있는 것이다.

나는 다시 그 가정을 찾아가 남편을 만났다.

"선생님, 교회에서는 교회 안에서의 삶만이 거룩하다고 가르치지 않아요. 예수님을 자신의 구주로 영접한 사람이라면 그들이 생활하는 24시간 전부가 거룩한 삶이에요. 그렇기 때문에 직장생활도, 가정생활도 거룩한 삶이 될 수 있어요."

"내 아내는 그렇게 생각하지 않는 것 같은데요?"

"설거지, 빨래, 자녀 양육, 남편을 섬기는 일 모두 거룩한 일이에요. 왜냐하면 예수 그리스도의 거룩한 피로 죄 씻음 받고 하나님의 거룩한 자녀가 되었기 때문에 우리는 보통 사람이 아니거든요. 보통 사람이 아닌 사람들이 하나님 때문에 최선을 다해 하는 가사의 일도 역시 보통 일이 아니지요. 어찌 보면 일상적인 시시한 보통의 일을 예수님 때문에 특수한 일로 생각하고 열심을 다하는 사람들이 그리스도인들입니다."

그렇게 한참을 설명하자 구세주를 만난 듯 그는 얼굴이 밝아지면서 대뜸 내게 부탁을 해왔다.

"그러면 살림을 하는 것도 거룩한 삶이라고 내 아내에게 가르쳐 주세요. 제발 집안을 돌보게 도와주세요."

나는 아내를 만나서 상담을 시작했다. "어떤 삶이 진정으로 거룩한 삶인가?"라는 숙제를 풀기 시작하면서 자신의 그릇된 생각을 바로잡아 간 아내는 변화되었다. 가사 일에 충실하는 것도 거룩한 삶의 연장선이라는 것을 인식하면서 교회와 가정에 모두 충실하게 되었다. 곧 그 가정의 삶은 평안해지고 화목이 찾아왔다. 아내의 이런 변화로 인해 비그리스도인이었던 남편도 예수님을 믿게 되었고, 이들은 어느 부부들보다도 조화와 균형을 잘 이룬 거룩한 생활의 제 맛을 낼 줄 아는 자들이 되었다.

그리스도인은 "하나님 것"이라는 꼬리표를 달고 살아가는 사람들이다. 우리는 하나님이 허락하신 직장, 가정 속에서도 빛과 소금의 역할을 수행해야 한다. 교회 안에서는 빛을 발하는 믿음의 소유자인데, 세상에 나가서는 자신의 역할 수행을 제대로 못해 사람들의 입에 오르내리는 경우가 있다.

　이것은 하나님이 바라시는 모습이 아니다. 그리스도인은 가정, 사회, 교회 등 자신이 속한 모든 공동체 안에서 "하나님 것"으로서 조화와 균형을 이루어야 한다.

강명옥's coaching coaching

> "그러므로 형제들아 내가 하나님의 모든 자비하심으로 너
> 희를 권하노니 너희 몸을 하나님이 기뻐하시는 거룩한 산
> 제물로 드리라 이는 너희가 드릴 영적 예배니라 너희는
> 이 세대를 본받지 말고 오직 마음을 새롭게 함으로 변화
> 를 받아 하나님의 선하시고 기뻐하시고 온전하신 뜻이 무
> 엇인지 분별하도록 하라" 로마서 12:1-2

예수님을 믿음으로 의롭다 하심을 입은 사람은 자신의 몸을 산 제물로 하나님께 거룩한 산 제사를 드려야 한다. 하나님께 산 제사를 드린다는 것은 예배한다는 말인데 최상의 가치를 하나님께 돌려 드리는 것을 의미한다. 신령한 예배, 몸으로 드리는 영적 예배가 무엇인지 살펴보자.

1. 하나님의 영광을 위해 자신을 드리는 것이다

자신을 드리는 영적 예배는 장엄한 의식을 진행하는 것을 말하지 않는다. 주께서 우리의 몸을 위해 자신을 내어주셨기 때문에 우리가 일상 속에서 하나님의 영광을 위해 살아가는 삶을 삶으로써 예배하는 것을 말한다. 진정한 예배는 교회 안에서 끝나는 것이 아니라 교회 밖에서도 이어지는 것이라고 말할 수 있다. 그런 진정한 성도라면 직장에서, 삶의 터전에서, 가정에

서, 학교에서도 역시 하나님께 우리 자신을 온전히 드려야 한다. 우리의 몸은 교회 안에서만 주님의 것이 아니다. 우리는 어디에서나 하나님의 영광을 드러내야 한다. 그럴 때 비로소 우리 자신의 삶을 드리는 살아 있는 예배가 되는 것이다.

2. 하나님을 기쁘시게 하는 것이다

진정한 영적 예배는 하나님을 기쁘시게 하는 것이다. 어떻게 하면 하나님을 기쁘시게 할까? 우리가 믿음으로 행할 때 하나님은 기뻐하신다. "믿음이 없이는 기쁘시게 하지 못하나니"라고 히브리서 11장 6절은 말씀한다. 믿음은 하나님을 기쁘시게 한다.

의로운 제사를 드릴 때 하나님은 기뻐하신다. 시편에서는 "…주께서 의로운 제사와 번제와 온전한 번제를 기뻐하시리니…"시 51:19라고 하였다. 하나님을 기쁘시게 하는 예배를 드리려면 의로운 예배를 드려야 한다. 의로운 제사를 드리려면 먼저 죄의 고백과 함께 진정한 뉘우침이 있어야 한다. 참회가 없는 예배는 하나님과 단절된 상태 가운데 드리는 죽은 예배이다. "하나님께서 구하시는 제사는 상한 심령이라 하나님이여 상하고 통회하는 마음을 주께서 멸시하지 아니하시리이다"라고 시편 51편 17절은 말씀한다.

"산 제물"이라는 말의 유래는 구약의 제사에서 찾을 수 있다. 구약의 제사에는 이스라엘 백성들이 하나님께 죄의 용서를 빌기 위해서 짐승을 드리는 피 흘림의 희생제사와 감사와 헌신을 약속하기 위해 첫 열매를 드리는 피 없는 제사가 있었는데, 이 제사들의 공통점은 권리에 대한 포기와 삶의 온전한 헌신이었다. 여기서 몸을 산 제물로 하나님께 드리라고 당부한 것도 바로 이런 제사의 특성을 상기시키기 위해서이다.

가정에서 주부로서 살든, 직장에서 일을 하든, 사업을 하든, 정치를 하든, 무엇을 하든지 하나님의 자녀가 취해야 할 마땅한 신앙생활의 도리는 겉과 속을 구분하는 이중생활이 아니라 겉과 속이 일치된 섬김의 생활이다.

Quiet Time

1. 당신은 신앙생활을 시작할 때 이런 문제에 부딪쳐서 가정생활에 어려움을 겪지는 않았는가?

2. 당신은 교회 안에서만 신앙생활을 하면 된다고 생각해 오지 않았는가?

3. 세상 속의 그리스도인의 바람직한 모습들을 서로 나누며 아름다운 지혜들을 모아 보라.

chapter 13

인내의 단 열매를 맛보게 하라

그리스도인들에게 "인내"는 하나님이 약속하신 것을 보장받는 통로이다. 성경을 통해서 우리는 초대교회 성도들이 겪었던 고난과 역경을 알고 있고, 또 그 과정 속의 지독한 인내들을 만나게 된다. 오늘날도 예외는 아니어서 불신 가정 가운데 첫 그리스도인이 된 사람은 초대교회 성도들의 인내와 비등한 어려움을 경험하곤 한다.

새신자 양육반에 초대교회의 그 지독한 인내의 모델과 같은 현대판 초대교회 성도가 한 명 있었다. 예수님을 알기 전, 그녀는 바가지 긁기가 주 전공이었고, 따지기가 부 전공이었다. 그럴 만도 한 것이 그녀의 남편은 술을 지나치게 좋아하는 사람이었고, 거기에다 시도 때도 없이 외박을 하곤 했다. 이런 화려한 이력은 15년 전으로 거슬러 올라가서 시작된다.

결혼한 첫날 신혼여행지에서 온다 간다는 말 한마디도 없이 사라진 남편은 새벽 2시가 넘어서야 만취가 되어 들어왔다. 어이가 없고 기막힌 이 일은 신혼 첫날을 기점으로 해서 결혼 생활 내내 이어졌다. 아내도 한 성격 하는 탓에, 남편에게 가하는 고문의 기술도 세월에 비례하여 고도화되어 갔다. 어느 술집에서, 누구와, 어떤 술을 마셨는지, 옆에 여자를 앉혀 놓고 술을 마셨는지, 그리고 팁은 얼마를 줬는지, 밤을 새워 달달 볶아 댔다.

이런 지옥의 삶이 이어지는 가운데 아내는 주변의 누군가로부터 예수님을 소개받게 되었고 교회 안에 발을 들여놓기 시작했다. 교회에 나간 지 한 달이 채 안 된 그녀였지만, 마치 스펀지가 물을 빨아들이듯 교회생활을 통해 배우는 성경말씀을 그대로 실천하며 순종했다. 새가족 모임에서 "인내해야 합니다"라는 내용을 배운 그녀는 '무엇을 인내하지?' 하고 자신에게 물었다. 그러고는 남편의 무분별한 취벽을 인내로 이겨 보리라 마음먹었다. 그녀는 마음의 준비를 하고 그날도 어김없이 예상대로 비틀거리며 집에 들어온 남편을 맞았다. 비몽사몽인 남편의 발을 씻겨 주며, 따지기를 포기하고 술 마신 것에 대해 심문하지 않았다.

아내의 달라진 태도에 오히려 긴장한 남편은 '이 사람이 어쩌려고 그러지?' 하는 생각으로 일주일 간을 지켜보았다. 하지만 아내의 태도는 한결같았고 그는 갈수록 더 이상한 생각이 들었다.

'사람이 죽을 때가 되면 변한다는데, 혹 죽을병에라도 걸렸나? 아니면 누구한테 사기를 당해 빚을 졌나?'

이 생각, 저 생각을 하다가 아내에게 물었다.

"당신, 요즘 왜 그래? 어디 아픈 거 아냐? 사람이 죽을 때가 되면 변한다는데, 당신 요즘 너무 달라졌잖아."

"그래요? 저 요즘 교회를 다녀서 그런 거예요. 당신에 대해 인내하며 기다려 보기로 했어요. 하나님 말씀에 오래 참으면 약속하신 것을 주신다고 했거든요."

"예수 믿어 그렇다는 거야? 그러면 스스로 마음에서 우러난 것이 아니고 예수 가면을 뒤집어 쓴 채 내 앞에서 위선을 부렸다는 거야?"

아내의 이야기를 곱씹던 남편의 생각은 꼬이고 또 꼬이더니 급기야는 아내에 대한 의처증으로 발전해 갔다. 처음에 가벼운 손찌검으로 시작했던 남편의 구타는 날이 갈수록 심해졌고 어느덧 취미생활이 되어 버렸다. 남편의 주벽은 날이 갈수록 더욱 심해져 갔고, 아내는 '믿음으로 이겨 내야지.' 하면서도 밀려오는 굴욕감과 피곤함으로 점점 지쳐 가고 있었다.

6개월이 지난 어느 날 아침, 밤사이 모진 학대를 끝낸 남편은 유유히 출근을 했다. 아내가 문을 닫고 돌아서는 순간, 초인종이 울렸다. 아내는 아무 의심 없이 그냥 문을 열어 주었다. 그 순간 남편의 신발 한 짝이 그녀의 얼굴로 날쌔게 날아들었다.

"내가 나간 다음에 누굴 집안에 들이려고 확인도 하지 않고 문을 열어? 이게 정말!"

소스라칠 남편의 행동은 6개월 간 견디며 지내 온 아내에게는 최악의 순간이었다. 지금까지 쌓아 온 울분이 터질 것 같았다. 그때 갑자기 그녀의 가슴속에는 알 수 없는 차분하고도 설명하기 어려운 묘한 것이 밀려왔다. 순간 예수님이 떠올랐고 그분의 인내하라는 말씀이 다시 새겨졌다.

"나의 인격으로는 이제 더 이상 당신의 행동과 폭언을 용납할 수 없네요. 사실 지금까지 견뎌 온 것도 내 힘은 아니었어요. 당신을 너무나 사랑하시는 내 안에 계신 그 예수님! 그분 때문에 내가 참고 견딜 수 있었던 거예요."

아내의 담대하고도 진지한 태도에 기가 눌린 남편은 그 자리에서 무릎을 꿇었다.

"당신이 믿는다는 그 예수, 그거 진짜군."

시멘트 바닥에 그대로 무릎을 꿇고 그 동안의 잘못을 용서해 달라는 남편을 그녀는 머뭇거림 없이 용서했고, 그날 이후 남편도 예수님을 영접했다. 아내는 믿음 측정기인 인내를 통해 하나님이 약속하신 것을 받을 수 있었다. 주당 남편의 주사를 향해 인내의 전쟁을 선포한 아내는 6개월 간의 인내로 남편의 구원을 선물받은 것이다.

핍박받아 고통스러워하는 성도들의 아픔을 볼 때는 마치 험준한 산맥을 함께 타고 오르는 기분이 든다. 그러나 험산준령의 정상에서 아래를 내려다보며 맞는 시원한 바람을 그리며, 그들이 인내 후에 얻게 될 하나님의 선물과 상급을 살포시 훔쳐본다.

"하나님이여 사슴이 시냇물을 찾기에 갈급함같이 내 영혼
이 주를 찾기에 갈급하니이다" 시편 42:1

"시험을 참는 자는 복이 있나니 이는 시련을 견디어 낸 자
가 주께서 자기를 사랑하는 자들에게 약속하신 생명의 면
류관을 얻을 것이기 때문이라" 야고보서 1:12

"의인이 왜 고난을 당하는가?" 하는 문제는 오랫동안 많은
사람들이 고민해 온 문제이다. 오직 하나님의 뜻대로 살려고
몸부림치는 성도들도 때로 이 문제에 부딪쳐 몹시 괴로워하며
절망한다. 인간은 원인을 규명하기 어려운 고난을 겪고 좌절하
기도 하지만, 고난을 참는 자는 생명의 면류관을 받게 된다고
성경은 말씀하고 있다.

성도들은 고난의 의미가 무엇인지 알아야 혹독한 시련이 닥
쳐오더라도 이겨낼 수 있다. 그리고 고난을 이겨낸 자들에게는
믿음의 변화와 축복이 나타난다.

1. 하나님은 우리의 믿음을 성숙시키기 위해 고난이라는 도구를 사
용하신다
하나님의 백성들에게는 여러 가지 시련과 고통이 닥쳐온다.

그러나 이러한 믿음의 시련들은 그것으로 끝나는 것이 아니다. 하나님은 시련을 통해 성도의 믿음이 한 단계 더 성숙하도록 단련시키시며 큰 믿음의 그릇으로 준비시키신다.

2. 고난을 인내로써 이겨내면 어떤 변화가 일어나는가?

믿음의 불순물이 제거되고 순수해진다. 금광에서 갓 채광해 낸 금에는 여러 가지 불순물들이 혼합되어 있다. 고온의 수은 용광로 속에서 정련의 과정을 거치고 나면 불순물이 완전히 제거된 순수한 정금으로 변화되어 나온다. 믿음도 마찬가지이다. 고난으로 정련되지 않은 믿음에는 사단의 유혹에 미혹되기 쉬운 의혹, 회의, 오만, 질시 등 여러 가지 불순물들이 포함되어 있을 수 있다. 시련은 흠과 티가 전혀 없는 정금 같은 믿음이 되게 한다.

또한 강하고 견고한 믿음을 소유하게 한다. 시련을 통해 정련된 믿음은 여간한 어려움이나 세상의 헛된 유혹에 흔들리지 않는다. 뿐만 아니라 고난 속에서도 기쁨과 소망을 발견하고 하나님께로 더 가까이 다가간다.

3. 믿음의 시련을 통과한 자가 누릴 축복은 어떤 것인가?

하나님은 여러 가지 어려움을 당하면서도 신앙을 지키고, 하나님을 향한 더 큰 사랑을 키워 낸 성도들을 결코 모른 체하지 않으신다. 야고보는 시련을 잘 참고 견디는 자가 복 있는 사람이라고 말했다. 그러나 고난을 당하는 모든 사람들이 시련을 자아 성숙의 계기로 삼고 슬기롭게 극복하는 것은 아니다. 자신의 지나친 욕심에서 비롯된 고난임에도 사람들은 대개 자신이 고난당하는 것을 다른 사람의 탓으로 돌린다. 하나님은 겸허하게 자신을 돌아보며 묵묵히 시련을 통과한 자들을 진실한 성도로 인정하신다. 그리고 그들에게 영원한 생명의 면류관을 약속하신다. 뿐만 아니라 이 땅에서도 고난을 이겨낸 승자에게 주시는 응답이 기다리고 있다. 우리는 그것을 남편의 핍박을 견뎌낸 여인을 통해서도 알 수 있다.

Quiet Time

1. 당신의 배우자가 신앙생활하는 것을 이유로 핍박하고 구타를 가한다면 당신은 어떻게 반응하겠는가?
2. 당신은 고난당했을 때 이 고난을 이겨내면 반드시 축복이 기다리고 있을 것이라는 기대감을 가지고 있었는가?
3. 당신은 고난당했을 때 이 고난을 이겨내면 반드시 축복이 기다리고 있을 것이라는 기대감을 가지고 있었는가?

chapter 14

믿음의 행보를 늦추지 않게 하라

"꼴보기 싫은 사람"은 어디에나 있다. 여기에도 저기에도 보기 싫은 사람들은 꼭 있다. 교회 안에도 역시 꼴보기 싫은 사람은 부지기수다. 배운 대로라면 성도들은 사랑의 안경을 쓰고서 누구일지라도 보기 좋아해야 하겠지만 솔직히 말해서 어디 사람이 그럴 수만 있겠는가! 자신의 입맛에 정말 맞지 않는 사람은 조그마한 잘못에도 괜한 트집과 꼬투리를 잡게 되기 마련이다. 그것이 죄성을 가진 인간의 본능인 것이다. 그러나 당연한 이 본능을 그리스도인이 된 이상, 그대로 간과할 수 없다는 것이 문제이다.

특별히 교회에 첫발을 들인 초신자 때나 믿음이 약할 때, 여러 가지 인생의 시험들을 해결하고자 교회에 나왔다가 오히려 온갖 잡다한 시험에 걸리는 경우가 종종 있다. 그들 중에는 보기 싫은 사람을 피하려고 교회에 출석을 안 하다가 결석이 잦아지고, 결국 아주 교회를 떠나는 이들도 있다.

교회를 출석한 지 3개월 정도 되는 부부가 어느 날 내게 전화를 걸어 선전포고를 해왔다. 교회에 다니는 것을 잠깐 쉬면서 방학을 좀 해야겠다고 했다. 이 무슨 날벼락인가! 잘 다니다가 웬일인가? 신앙생활에 방학이 어디 있는가? 갑자기 당황스러웠다.

교회를 떠나는 데 무슨 절차가 필요한 것도 아니고, 또 무슨 절차가 있는지 궁금해 확인 차 전화한 것도 아니었다. 단지 새 신자 양육을 담당하고 있는 내게 알리기라도 해야 하나님께 야단을 덜 맞을 것 같아서 생각 끝에 전화한 것이라고 했다. 도중하차란 있을 수도 없지만, 그 표현도 이색적인 "방학"이라니…… "신앙생활에는 방학이 없는데요?"라고 전하기는 했지만, 나는 좀 더 구체적인 답변을 들어야 했다.

"무슨 일이세요?"

"생각 같아서는 정말이지 방학이 아니라 영원히 자퇴라도 하고 싶어요."

이유를 묻자 하소연하듯 답답한 심중을 토로하는 그들의 이야기를 듣고서 그제야 교회 다닌 지 얼마 안 된 초신자로서는 수용키 어려운 일이 그들에게 일어났다는 사실을 알게 되었다.

주일 예배 시간에 성도와의 교제 시간이 되어 앞, 뒤, 옆에 앉아 있는 성도들과 인사를 나눌 때였다.

앉아 있는 몇 사람과 인사를 하고 고개를 돌리려는데, 아뿔싸! 건너편에 몇 해 전 자기 돈을 떼먹고 달아난 부부가 앉아 있었다. 더욱 놀랄 일은 그들 부부를 향해 옆에 있던 사람이 "어머, 집사님! 요즘 좋은 일 있나 봐요? 얼굴이 날로 좋아지네요?" 하고 인사를 했던 것이었다. 이 순간부터 시험의 시동이 단번에 걸리고 말았다.

시험 1단 : '교회 안에 사기꾼이 들어오다니' 하는 실망감
시험 2단 : '사기꾼들이 집사님이라고?' 하는 절망감
시험 3단 : '내 돈 떼먹고도 좋은 얼굴빛에 잘 먹고 잘 산다고?' 하는 억울함

기가 찰 노릇이었다. 원수를 외나무다리에서 만나도 이보다 더 극적일 것 같지 않았다.

"교회라는 곳이 원수를 만나는 외나무다리라니, 참 어울리지 않는 곳이구면! 그렇다면 더 다닐 필요 없어! 사기꾼 부부가 예수 믿어서 천국에 간다면 차라리 지옥에 가는 게 더 나아."

이렇게 해서 방학을 결정하게 된 것이었다!

자초지종을 들은 나는 그들에게 이렇게 말했다.

"만일 선생님 부부가 교회를 떠나시면, 엎친 데 덮친 격으로

이중 손해를 보시는 겁니다. 우선, 빌려 준 돈이 영원히 받을 수 없는 떼인 돈이 되고 말 것이고, 다음은 정작 피해자이신 선생님이 지옥에 가시게 되잖아요."

"…."

"그리고 중요한 것, 교회는 방학이나 자퇴나 졸업이 없습니다. 다시 한번 생각해 보세요."

당장이라도 교회 다니기를 그만둘 것 같은 단호한 기색은 수그러졌지만, 그렇다고 이대로 덮어 둔 채 미봉으로 끝낼 일은 아닌 것 같아서 나는 그 집사님을 찾아갔다. 이런저런 이야기를 하며 나는 돈을 꾸어 간 집사님 부부가 이미 빚진 돈의 일부를 준비해 놓고 있었다는 사실을 알게 되었다. 꾸어 간 돈 3천만 원에는 못 미치지만 반 이상은 준비가 되어 있었다. 워낙 상황이 급박하게 돌아가고 도저히 수습할 능력이 안 생기자, 경우가 아닌 줄 알면서도 아무 연락 없이 떠나게 되었다고 용서를 구했다.

"신앙생활을 하면서 두 분만 떠올리면 천근만근 무거운 납덩이를 가슴에 얹고 사는 것 같았어요. 그래서 더 부지런히 일하고 더 절약해서 하루라도 빨리 갚으려고 애를 썼습니다."

나는 두 가정 사이에 다소 오해가 있었다는 생각이 들었다. 화해와 이해의 자리가 되기를 소원하며 두 부부의 만남을 주선했다. 두 부부가 만난 자리에서 집사님은 용서를 구하며 말했다.

"전도사님을 통해 들으니 교회를 방학할 생각을 하신다던

데, 그렇게 되면 저는 평생 용서받지 못할 일을 했다는 죄책감을 짊어지고 살게 됩니다. 더군다나 귀한 영혼을 시험 들게 한 죄로 하나님께 크게 야단도 맞을 것입니다. 제발 용서하시고 교회를 떠난다는 생각일랑 접어 두십시오. 빌려 주신 돈도 몇 년 후면 다 돌려 드릴 수 있습니다."

곧 이어 두 가정 사이에 정중한 화해의 대화가 오고 갔고 당시 마련된 돈을 우선 갚고 또 차후에 나머지를 갚기로 했다. 돈을 갚는 문제보다도 하나님의 자녀들의 삶이 증명되는 자리라 더욱 훈훈했다.

교회 안에 "꼴보기 싫은 사람" 때문에 이중 삼중의 손해를 보지 말자. 하나님은 뒤로 물러나는 것을 제일 싫어하신다. 많은 사람들이 작은 상처에도 쓰러지고, 정지 상태, 혹은 방학과 졸업을 운운하는데, 그것은 결국 자폭행위와 같은 것이다.

"나의 의인은 믿음으로 말미암아 살리라 또한 뒤로 물러
가면 내 마음이 그를 기뻐하지 아니하리라 하셨느니라
우리는 뒤로 물러가 멸망할 자가 아니요 오직 영혼을 구
원함에 이르는 믿음을 가진 자니라" 히브리서 10:38-39

신앙생활을 할 때는 달리기 선수가 운동장의 트랙을 달리듯
이 앞을 향해 계속 질주해야만 한다. 뒤를 돌아보거나 뒷걸음
질 치는 것은 선수에게 있을 수 없는 일이다.

때로는 장애물을 만날 수도 있고 실족하여 넘어질 수도 있으
나 그 자리에서 다시 일어나 뛰기 시작하면 관중석에서 우레와
같은 박수 소리가 터져 나올 것이다. "잘한다! 힘내라, 힘내!"
우리의 믿음의 선배들이 바로 이런 박수를 보내고 있는 것이다.

왜 뒤로 물러서면 안 된다고 하는 것일까?

1. 믿음은 앞을 향해 달려가는 것이지 뒤를 돌아보는 것이 아니다

바울은 신앙생활을 달리기 경주에 비유해서 설명하고 있다.
하나님의 자녀는 뒤를 돌아보지 말고 믿음의 행보를 계속해야
한다. 믿음으로 행보하는 데 방해가 되는 것은 단호하게 물리
쳐야 한다. 자신의 마음에 맞는 사람들만 만나고 사귈 수 있는
세상이 아니다. 그러므로 믿는 사람들 중에 미숙한 자들을 보

고 실족하여 넘어지게 되면 자신만 손해 볼 뿐이다.

2. 뒤로 물러서면 침륜에 빠지기 때문이다(참고. 개역한글)

침륜에 빠진다는 것은 멸망의 길을 향해 걸어가 망하게 된다는 의미이다. 결국 신앙생활에서 뒤로 물러서는 것은 지옥에 떨어지는 것을 의미한다. 신앙생활은 중단할 수도, 뒤로 물러설 수도 없는 것이다. 우리는 이제 어떤 어려움 속에서도 물러설 수 없는 하나님의 자녀가 되었다. 또 뒤로 물러서면 안 되는 이유는 하박국 선지자의 권고처럼, 하나님이 기뻐하시지 않기 때문이다. 우리의 삶의 목표는 하나님을 기쁘시게 해드리는 데 있다.

뒤로 물러서는 것은 하나님이 기뻐하시지 않을 뿐 아니라 하나님의 진노와 책망의 원인이 된다. 신앙을 고백한 사람은 한 걸음 한 걸음 앞으로 나아가야 한다. 하나님으로부터 후퇴하는 것은 파멸로 나아가는 지름길이다. 하나님으로부터 멀어지면 멀어질수록 파멸의 구덩이는 더 가까워지는 것이다. 과거에 큰 시련을 당하고도 믿음을 지켰던 사람들은 믿음으로 사는 동안 그들이 과거에 받았던 것과 동일한 은혜가 항상 도와줄 것이라는 사실을 기대할 것이다.

Quiet Time

1. 당신은 예수 믿기 전에 "나는 예수 믿는 아무개가 보기 싫어서 예수 안 믿을래"라고 말한 적이 있는가?

2. 신앙생활을 하는 중에 뒤로 물러서고 싶을 때는 언제인가?

3. 당신은 믿지 않는 자들에게 믿을 수 있도록 동기부여를 하고 있는가? 아니면 걸림돌이 되고 있는가?

chapter 15

소명의식을 가지고 살게 하라

"누구누구답게, 나답게, 너답게 산다."

"답게"라는 말은 우리의 마음을 무겁게 할 때가 많다. 게다가 한 술 더 떠 "그리스도인답게" 산다는 것은 더욱더 큰 부담이 된다.

곤충 가운데 이로운 곤충과 해로운 곤충이 있듯이, 세상에는 꼭 있어야 할 사람, 있으나 마나 한 사람, 있으면 안 되는 사람, 이렇게 세 부류의 사람이 있다. 신앙인으로서 있으나 마나 한 사람이 되어서는 왠지 본전도 안 되는 것 같고, 있으면 안 되는 독약 같은 사람이 되어서는 평균을 깎아먹는 것 같아 용납되지 않는다. 그러므로 그리스도인들은 꼭 필요한 사람으로서 언제,

어디서나 환영받을 수 있어야 한다.

그러기 위해서는 자기 훈련, 자기 절제, 자기와의 싸움이 필요하고, 어려운 일에 부딪칠 때마다 하나님의 선한 인도하심을 무리 없이 받을 수 있어야 한다. 이것이 바로 마음속의 영적 전쟁이다.

특히 남자들은 술로 인해 고민을 많이 하게 된다. 신앙의 정결을 지키고는 싶은데, 사회생활을 하다 보면 피할 수 없는 술자리가 있다. 이때 "그리스도인답게"라는 문제에 봉착하게 된다. 가지 않아야 할 곳인데도 불구하고 가야 하는 자리! 또 피해야 하는데 피할 수 없는 자리! 그럴 때 "그리스도인답게" 어떻게 살아남아 보전될 것인가 하는 문제를 이야기해 보고자 한다.

예수를 잘 믿는 대기업의 부장이 있었다. 영어를 썩 잘하니까 국제부와 해외지사에서 근무를 하기도 했었는데, 하는 일마다 승승장구 많은 성과를 올렸다. 그러나 주위 사람들은 몹시 배아파했다.

"어떻게 저 사람은 모든 일을 척척 잘할까?"

시기하고 질투하는 사람들은 그를 끌어내리고 싶어 안달이었다. 마치 다니엘을 고발하기 위해 고심하던 관원들처럼 시기와 질투에 안달하던 사람들은 그가 영업부로 발령되도록 조치를 취했다. 그리스도인이기에 술 접대하기를 꺼려할 것이고, 그렇게만 된다면 자신의 능력을 발휘할 수 없을 것이라고 생각한 것이었다. 영업부로 발령을 받고 난 후 그는 매일 밤 12시에서 1시까지 술자리에 참석해야 했고 주일에도 골프를 치러 가야 했다. 점점 신앙생활에 타격을 입게 되자 그는 고민하기 시작했다. 그러다가 창세기 39장 9-12절의 말씀을 들고 나를 찾아왔다.

"이 집에는 나보다 큰 이가 없으며 주인이 아무것도 내게 금하지 아니하였어도 금한 것은 당신뿐이니 당신은 그의 아내임이라 그런즉 내가 어찌 이 큰 악을 행하여 하나님께 죄를 지으리이까 여인이 날마다 요셉에게 청하였으나 요셉이 듣지 아니하여 동침하지 아니할 뿐더러 함께 있지도 아니하니라 그러할 때에 요셉이 그의 일을 하러 그 집에 들어갔더니 그 집 사람들은 하나도 거기에 없었더라 그 여인이 그의 옷을 잡고 이르되 나와 동침하자 그러나 요셉이 자기의 옷을 그 여인의 손에 버려두고 밖으로 나가매"

'어떻게 요셉은 그럴 수 있었을까? 아무도 모르는 비밀한 일이었고, 또 짭짤한 이익이 생길 수도 있는 좋은 기회였는데 어떻게 거절할 수 있었을까?'

그는 자신에게도 이와 같은 진퇴양난의 문제가 있기 때문에 고민하기 시작했다. 정말 주일을 지키기 위해서 회사를 박차고 나와야 하는지, 목구멍이 포도청이라 이런 상황에서 신앙인으로서 회사에 계속 다녀야 하는지 고민하기 시작한 것이다. 나는 경험이 없는 난감한 가운데 그에게 이렇게 말했다.

"이때 당시 요셉이 할 수 있는 최상의 방법은 피하는 것이었습니다. 그렇다면 선생님도 할 수 있는 최선의 방법이 무엇인지 생각해 보세요. 바이어가 원하는 게 골프를 치러 가는 것인가, 최고의 상품을 제공받는 것인가, 혹은 술 접대를 받는 것인가를 생각해 보세요. 계약을 성사시키는 과정에서 바이어들이 원하는 것을 충족시켜 줄 수 있는 범위 안에서 최선이라고 생각하는 지혜로운 방법들을 생각해 보세요. 그리고 1주일 동안 기도하세요."

골프를 치러 가기로 바이어와 약속이 되어 있었던 주일 전날 밤, 그는 기도를 마치고 바이어에게 전화를 했다.

"내일 골프를 치러 가자고 약속을 했는데 사실 저는 그리스도인입니다. 골프를 치러 가기 전에 먼저 예배를 드리고 싶은데, 한국 교회가 어떤지 저와 함께 예배를 드리고 나서 골프를 치러 가면 좋을 것 같아 전화를 드렸습니다. 예배에 초대하려구요."

뜻밖에도 그의 제안에 바이어는 너무나 기뻐했다.

"당신처럼 신실한 그리스도인을 만나게 되다니 기쁩니다. 저도 가 보고 싶습니다."

그래서 그는 바이어와 함께 교회에 왔다. 1부 예배를 마치고 골프를 치러 갔는데, 가는 도중 바이어가 그에게 이런 말을 했다.

"신실하게 주일을 시작하는 당신을 보니까 당신을 무조건 믿어도 될 것 같습니다."

그를 신뢰한 바이어는 즉시 큰 계약을 체결했다. 이 일로 인해 신앙 지조의 자신감이 붙은 그는 부득이하게 술 접대를 해야 하는 상황에서도 당당한 자신감을 곧잘 발휘했다.

"저는 그리스도인으로서 술을 마시지 못합니다. 이해해 주십시오. 하지만 당신의 필요를 채워 드려야 하는 부분에 대해서는 그리스도인으로서 충실히 이행할 것입니다."

시기와 질투에 종노릇하던 사람들이 생각했던 것과는 정반대로 그는 영업부에서 더 두각을 나타내게 되었다. 결국 그들은 하나님이 그를 높이 들어 세우시는 것을 보게 되었다.

살다 보면 대적해야 할 일도 있고 피해야 할 일도 있다. 유혹은 피해야 하지만 나에게 오는 사단의 도전에 대해서는 대적할 필요가 있다. 혹 깨어 있지 못해 대적해야 할 것은 피하고, 피해야 할 것은 대적하는 헷갈리는 행동을 하게 되면, 우리의 인생은 깨어 있지 못한 데 대한 값을 톡톡히 치르게 될 것이다.

강명옥's coaching coaching

"오직 너 하나님의 사람아 이것들을 피하고 의와 경건과 믿음과 사랑과 인내와 온유를 따르며 믿음의 선한 싸움을 싸우라 영생을 취하라 이를 위하여 네가 부르심을 받았고 많은 증인 앞에서 선한 증언을 하였도다" 디모데전서 6:11-12

"하나님의 사람"이라는 말은 예수님이 오시기 전에 선지자들에게 붙여진 호칭이었다. 그런데 바울은 디모데에게 간절히 부탁하면서 "오직 너 하나님의 사람아"라고 불렀다. 이것은 디모데가 구약의 선지자들처럼 하나님의 일을 맡은 청지기임을 인식시켜 주려는 의도가 담겨 있다고 말할 수 있다.

이제 하나님의 사람이라는 말은 모든 성도에게 적용될 수 있는 호칭이다. 예수님을 자신의 구주로 영접한 사람은 모두 하나님의 사람인 것이다.

1. "하나님의 사람"이란 누구인가?

하나님의 사람인 선지자들은 하나님과 인간 사이에 중보적 사명을 감당하였다. 바울이 디모데에게 이 단어를 사용한 것은 동역자, 형제, 하나님의 일꾼, 내 아들이라는 모든 말들을 함축해서 부른 것이다.

하나님의 사람은 하나님께 속한 사람으로서 누릴 특권을 전제로 한 칭호이다. 하나님의 사람이란 넓은 의미에서는 모든 성도를 가리킨다. 그러므로 성도들은 하나님의 백성으로서 사명과 자부심을 갖고 살아야 한다.

2. "하나님의 사람"의 의무는 무엇인가?

하나님의 자녀답게 거룩한 삶을 살아야 한다. "오직 너 하나님의 사람아…의와 경건과 믿음과 사랑과 인내와 온유를 따르며"라고 했다. 하나님의 사람에게는 그 이름에 부합한 생활이 뒤따라야 한다는 것을 말해 주고 있다. 하나님의 사람은 거룩한 생활을 할 때 하나님의 깊은 진리를 깨닫게 되고 그 진리에 순종하는 삶을 살게 되는 것이다.

소명 의식을 갖고 살아야 한다. 하나님이 지으신 모든 피조물에는 모두 나름대로의 목적이 있다. 하나님은 의미 없는 일을 하시는 분이 아니시다. 하늘에 반짝이는 별들도 나름대로 그 사명이 있고, 들에 핀 꽃 한 송이도 그 사명이 있다. 하물며 하나님의 사람인 성도들에게 소명이 없겠는가? 바울은 디모데에게 "이를 위하여 네가 부르심을 입었고 많은 증인 앞에서 선한 증언을 하였도다"라고 말했다. 하나님의 사람은 자기에게 맡겨진 소명을 감당하며 살아갈 때 부르신 분의 목적에 맞는 삶을 살아가게 되는 것이다.

예수 그리스도께서 이 세상에 오셔서 하나님과 인간 사이의 절대적인 중보자가 되어 주셨다. 승천하신 예수님은 오늘 우리에게 이 중보자의 임무를 주시면서, 세상에 믿지 않는 사람들을 하나님께로 인도해야 할 사명이 있다는 것을 말씀하셨다. 세상 속에서 그들과 함께 죄를 지으며 전혀 구별된 모습이 없다면 어찌 전할 수 있겠는가? 술 접대뿐만 아니라 세상과 타협해야 하는 여러 가지 문제 앞에서 우리는 하나님의 사람으로서 주관을 가지고 세상을 변화시켜 나가야 한다.

Quiet Time

1. 당신은 직장생활을 하면서 술 접대 등으로 인해서 신앙 생활에 어려움을 겪어 본 적이 있는가?
2. 당신이 믿음을 지키기 위해서 이러한 일들에 희생한 것이 있으면 말해 보라.
3. 당신은 하나님의 사람이라는 소명 의식을 가지고 있는가?

chapter 16

배짱을 가지고 정면돌파하게 하라

예수를 믿는다는 단순한 이유 하나 때문에 핍박당하는 경우가 많다. 특히 추석이나 설날 같은 명절이 되면 제사 문제로 그리스도인들이 밉상스런 인물로 취급당하기 쉽다. 종갓집 자손이라면 말할 것도 없을 것이다. 그리스도인들이여! 당신 같으면 "죽기 아니면 까무러치기"라고 다짐하며 정면돌파를 하겠는가? 아니면, 지레 겁먹고 이 눈치 저 눈치 살피며 우회작전을 펴겠는가? 대부분의 사람들은 '다음에 하지 뭐' 하며 미루지만 정면돌파가 복음화의 전화위복이 되는 경우가 상당히 많다는 사실을 기억할 필요가 있다.

예수님을 믿은 지 6년 정도 되는 한 집사님 가정은 친척들이

나 부모, 형제들에게까지 지나치게 핍박당하고 반대를 겪는 과정 속에 있었다. 그 집사님 부부는 예수님을 믿은 지는 얼마 되지 않았지만 예수님 생각만 하면 너무나도 행복하고 즐거워했다. 그들은 가족들에게 전도를 시도했지만 전도할 때마다 돌아오는 것은 "너희가 예수를 믿어 잘된 게 뭐가 있니?" 하는 등 비난과 손가락질뿐이었다.

그러던 어느 해 명절이 가까울 때 즈음 나를 찾아와 큰일이 났다며 기도를 부탁했다. 이유를 물었더니 부모님이 상속문제 때문에 내려오라 하시는데 예수를 포기하지 않으면 아무것도 물려줄 수 없다는 것이었다. 꽤 재력이 있는 부모님은 이제까지 돈으로 자녀를 잡고 있었고, 자신들이 원하는 대로 끌어 왔다. 이번에도 '돈을 눈앞에 놓고 명령하는데 안 들을 자식이 어디 있겠느냐.'고 생각한 끝에 묘안을 짜낸 것이었다. 부부는 긴급 기도를 부탁해 왔다.

"어떻게 기도할까요?"

"유산을 포기하더라도 예수님은 포기하지 않고 부모님께 분명히 복음을 전할 수 있도록 기도해 주세요."

나는 집중적으로 집사님 내외와 그 자녀들을 위해 기도했다. 시골에 가서도 제사상에는 절대로 절을 안 하겠다고 분명히 다짐하는 그들의 믿음을 보시고 긍휼을 베풀어 달라고 말이다. '이분들이 가서 얼마나 많은 고난을 당하고 오실까! 그 고난 중에도 예수님의 능력이 나타나야 할 텐데.'

그런데 시골에 다녀온 집사님 부부는 기적이 일어났다며 있었던 일들을 이야기해 주었다. 원래 남편 집사님은 말재주도 별로 없고 조금만 흥분하면 화가 폭발해서 소리를 지르고 견디지 못하는 단점이 있었다. 하지만 원래의 그런 성품과는 다르게 부모님 앞에서 차분하게 하나하나 설명하며 눈물을 흘리면서 복음을 전했다고 한다.

"아버지! 이 땅에서도 아버지를 존경하지만 그 좋은 천국에 가서도 존경하는 아버지와 함께 살기 원합니다. 아버지의 재산은 주고 싶은 사람에게 다 주세요. 그래도 저는 서운하게 생각 안 합니다. 저는 아버지의 재산보다도 아버지가 더 중요합니다."

아들이 진정으로 자신을 사랑하고 있다고 생각한 아버지는 감동을 받았다. 그리고 동일하게 유산을 배분했고 교회 나가는 것도 생각해 보기로 결정했다. 일석이조를 얻고 온 셈이었다.

성경은 세상과 타협하지 않는 지혜를 알려주고 있다.

첫째, 위기 가운데 기도할 것.

자신을 위해 기도할 수 있는 동역자를 찾고, 기도 동역자는 부탁받은 대로 영적 전쟁에서 승리할 수 있도록 죽을힘을 다해 기도해야 한다.

둘째, 감정으로 대하지 말 것.

핍박하는 사람은 사단의 시녀가 되어 종노릇하고 있는 상태라고 말할 수 있다. 그런데 거기다 대고 같이 감정을 끌어올리면 결국 사단에게 굴복하는 격이 되고 만다. 기도한 후에 감정은 부드럽게, 전할 복음은 또박또박 전해야 한다. 또한 주님이 평강의 호수로 지켜 주신다는 믿음을 가져야 한다.

셋째, 세상적인 관점에서 이익을 얻으려 하지 말 것.

세상적인 것을 포기한다 할지라도 하나님이 주시는 것을 얻을 수 있다면 그것이 가장 좋다고 생각하는 배짱으로 시작해 보라. 그러면 물질이 전부라고 생각했던 불신 가족들이 하나님께 그 이상의 것이 분명 있다고 인식하게 된다.

> "에스더가 모르드개에게 회답하여 이르되 당신은 가서 수산에 있는 유다인을 다 모으고 나를 위하여 금식하되 밤낮 삼 일을 먹지도 말고 마시지도 마소서 나도 나의 시녀와 더불어 이렇게 금식한 후에 규례를 어기고 왕에게 나아가리니 죽으면 죽으리이다 하니라 모르드개가 가서 에스더가 명령한 대로 다 행하니라" 에 4:15-17.

에스더는 모르드개에게 기도해 줄 것을 부탁하고 자신도 기도했다. 모르드개 역시 유다 백성과 함께 기도했다. 에스더는 "죽으면 죽으리이다"라는 각오를 가지고 전진했다. 이처럼 자신의 생명, 물질, 삶이 주님의 경영하시는 손에 달려 있다는 것을 확실히 아는 사람은 주님 때문에 죽으면 죽으리라는 정면돌파를 선택하게 된다.

강명옥's coaching coaching

> "나의 교훈과 행실과 의향과 믿음과 오래 참음과 사랑과
> 인내와 박해를 받음과 고난과 또한 안디옥과 이고니온과
> 루스드라에서 당한 일과 어떠한 박해를 받은 것을 네가
> 과연 보고 알았거니와 주께서 이 모든 것 가운데서 나를
> 건지셨느니라 무릇 그리스도 예수 안에서 경건하게 살고
> 자 하는 자는 박해를 받으리라" 디모데후서 3:10-12

예수 믿는 사람은 믿지 않는 가족들이 경제적인 면에서 타협을 요구해 올 때 유혹당하기가 쉽다. 인간은 돈에 약하기에 예수를 포기하면 유산을 물려주겠지만 예수를 포기하지 않는다면 아무것도 주지 않을 뿐 아니라 가문에서 제외시키겠다는 말을 듣는다면 믿음을 지키기가 어려울 것이다.

바울은 디모데에게 거짓 교사들의 부당한 가르침을 이야기하면서 참된 교사로 살아 온 자신의 삶을 간증처럼 이야기하고 있다. 타협하고 싶은 사람은 바울의 인생 여정을 들으면서 다시 한번 선한 싸움을 선택하기를 바란다.

1. 타협 없는 신앙으로 승리를 이루었다

바울은 끊임없이 다가오는 고난과 죽음의 공포 속에서 주님의 보호하심을 느끼며 복음의 증인으로서의 길을 걸어갔다. 바

울은 고난과 역경, 죽음의 위협을 통해 오히려 의지가 단단히 다져졌고, 어떠한 상황 속에서도 패배주의적인 생각을 하지 않았다. 상상도 할 수 없이 어려운 환경 속에서도 그는 복음을 아시아와 유럽 전 세계에 전파하겠다는 처음의 뜻을 굽히지 않았다. 그리고 최종적으로 승리를 선언하고 생애를 마감했다.

2. 예수님 안에서 사는 경건한 성도의 모범을 보였다

예수님을 구주로 고백한 자라면 누구나 예수님 안에서 사는 성도이다. 성도라는 말은 바로 거룩한 길을 걸어가는 사람을 말한다. 오늘날 많은 사람들이 예수님을 믿는다고 입으로 고백하지만 실제로 예수님을 모시고 사는 것 같지는 않다. 바울은 일생을 예수님께 매여 살았다. 철저히 예수님 안에 있었기에 그의 삶은 그리스도의 향기를 퍼뜨릴 수 있었고, 신앙과 삶이 모순을 일으키지 않았다.

3. 핍박을 통해서 하나님의 사랑을 누렸다

바울이 고난을 받아야 했던 이유는 경건하게 살고자 하는 그의 생활 태도가 불의하고 경건치 못한 세상에 거슬렸기 때문이다. 그의 경건한 삶이 세상의 핍박을 불러왔던 것이다. 세상과 하나님은 적대적인 관계에 놓여 있기 때문에 하나님을 사랑하는 자들은 당연히 세상으로부터 미움을 받을 수밖에 없다. 성도는 세상과 하나님 중에 하나님을 사랑하기로 선택한 자들이다. 그러므로 세상의 핍박을 두려워하거나 회피하려고 해서는 안 되고 세상과 타협하려고 해서도 안 된다.

바울이 철저히 예수 안에 거했을 때 그는 세상으로부터 핍박을 받았으나, 핍박을 극복할 수 있는 능력도 함께 공급받았다.

우리도 예수 안에 거할 때 핍박을 받게 되지만 더불어 극복할 수 있는 능력도 함께 공급받는다는 사실을 기억하고, 타협하지 않는 신앙생활을 하도록 하자.

Quiet Time

1. 당신은 예수 믿지 않는 가족들로부터 핍박을 당해 본 경험이 있는가? 그때의 심정이 어땠는지 말해 보라. 그리고 어떻게 해결했는지 말해 보라.
2. 예수를 믿지 않으면 엄청난 유산을 물려주겠다고 타협해 온다면 당신은 어떤 반응을 보이겠는가?
3. 핍박을 통해서 받은 은혜가 있다면 나누어 보자.

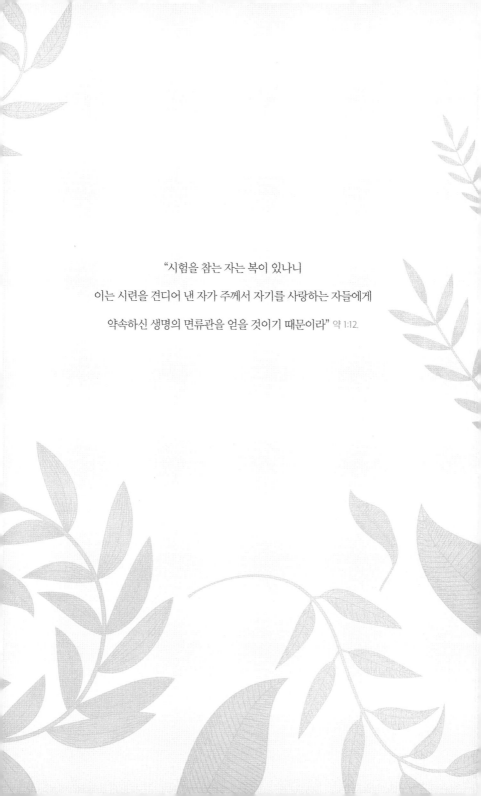

"시험을 참는 자는 복이 있나니

이는 시련을 견디어 낸 자가 주께서 자기를 사랑하는 자들에게

약속하신 생명의 면류관을 얻을 것이기 때문이라" 약 1:12.

"너희는 세상의 빛이라

산 위에 있는 동네가 숨겨지지 못할 것이요

사람이 등불을 켜서 말 아래에 두지 아니하고 등경 위에 두나니

이러므로 집 안 모든 사람에게 비치느니라

이같이 너희 빛이 사람 앞에 비치게 하여

그들로 너희 착한 행실을 보고 하늘에 계신 너희 아버지께

영광을 돌리게 하라" 마 5:14-16.

하나님은 그의 백성들을 통하여 영광을 받으신다.
- -
성도들의 모든 언행은 하나님의 영광과 관계 있다.
- -
성도의 착한 행실은 세상 사람들에게
- -
하나님이 살아 계시다는 사실을 알려줄 뿐 아니라,
- -
하나님의 선하심을 드러내 준다.
- - - - - - - - - - - - - - - - - -

제4원리

세상 속의 그리스도인에 대한 기준을 제시하라

chapter 17

축복의 통로가 되게 하라

혹시 주변에서 이런 경우들을 보지 못했는가?

  1. 교회 안에서는 너무나 많은 은혜를 끼치고 꽤나 유명한 권사님이다. 그런데 그 권사님의 며느리는 고개를 절레절레 흔들며, "우리 시어머니 같은 분이 믿는 그런 예수라면 나는 절대로 믿지 않겠다!"라고 말한다.

  2. 어떤 사람이 기도 많이 하고 교회 내에서 활동도 제법 하는 그럴싸한 동창생 집사에게서 이루 다 말할 수 없는 험담을 당해, "네가 믿는 예수! 그거 거저 줘도 싫다! 너나 가져!"라고 내뱉는다.

3. 대형교회 장로님이라 하여 믿고 투자했다가 한 입에 털리고 빈털터리가 된 사람이 "사기꾼, 당신이 장로면 예수 안 믿는 나는 목사다! 사기꾼에게 장로를 준 예수! 나는 별로 고맙지 않수다!"라고 소리친다.

전도를 하다 보면 종종 이런 민망한 경우를 만나게 된다. 이런 그리스도인들의 가장 중요한 문제점 중에 하나는 그리스도인으로서 가져야 할 자아상을 잃어버렸다는 것이다. 특히 예수를 믿는 사람들의 경우, 자아상이 잘못되어 있거나 탈색되어 있을 때는 믿지 않는 사람들보다 훨씬 더 유치하고 타협을 좋아하는 삶을 살기가 쉽다. 자아상(自我像)이란 자신의 역할이나 존재에 대하여 갖고 있는 생각을 말한다. 그리스도인은 세상 속에서 갈등을 만났을 때 '그리스도인인 나는 어떤 존재의 본질을 이해해야 하고 어떤 역할을 수행해야 할까?'를 고민할 필요가 있다. 다음의 예화를 통해 이에 대해 살펴보도록 하자.

한 형제에게서 전화가 왔다. 그는 고등학교를 졸업했지만 가정형편이 어려워서 대학 진학을 포기하고 취업을 했다. 신실하고 진실한 성품을 지녔기에 추천을 받아 중소기업에 취직을 하게 된 것이다. 그런데 그 기업의 사장은 대단한 비그리스도인이었으며, "예수"라는 말만 들어도 고개를 절레절레 흔드는 완강한 사람이었다. 들어갈 때부터도 워낙 회사의 경제기반이 힘든 상태였는데 IMF가 터지면서 상황은 더욱 어려워졌다. 어느 날 회사가 너무 어려우니까 사장 아내가 점을 치러 갔다.

"예수쟁이가 회사에 들어와서 회사에 마가 꼈어! 그래서 도무지 풀리지 않아. 예수쟁이가 있나 잘 찾아보고 당장 내쫓아!"

불행히도 회사원 중에 예수 믿는 사람은 그 형제밖에 없었다. 안 되는 일마다 모두 이 형제 탓으로 여기는 살벌한 분위기가 조성되자 다급하고 당황한 형제가 나에게 전화를 한 것이었다.

이야기를 듣는 동안 현실적으로 내가 취업을 시켜 줄 수도 없고, 학업을 이어 갈 수 있도록 지원하는 것도 불가능해 단지 말로 그 형제를 권면하기 시작했다.

"형제가 예수 믿는 사람으로서 예수님이 형제와 함께하신다는 것을 보여 주는 사람이 되어야 합니다. 그들이 아무 말 못하게 하나님의 놀라운 능력과 선하심을 드러내도록 해봅시다. 이제부터 회사가 끝나고 돌아올 때 교회 기도실에 가서 기도를 하십시오. 구체적인 기도를 해야 합니다. 첫째, 사장님의 영혼 구원, 둘째, 회사운영, 셋째, 개발아이템이 활용될 수 있도록, 이 세 가지 제목을 놓고 기도하면서 그때마다 하나님이 주신 지혜를 메모해서 그것을 사장님께 드려 보세요. 형제가 그 회사에 있는 동안 하나님이 함께하시는 것을 형제도 느끼고 사장님도 느끼고 주위 사람들도 느끼게 될 것입니다. 우리는 모두 세상 속의 그리스도인으로 살아가야 합니다. 요셉도 고난을 수없이 많이 당했지만 결국 승리한 것처럼, 형제님에게도 하나님이 승리를 주실 것입니다."

사장의 핍박을 받으면서도 그 형제는 순수한 심령으로 그렇게 자기의 몫을 감당했다. 그리고 날마다 기도하기 시작했다. 놀랍게도 기도할 때마다 아이디어가 떠올랐다. 하나님이 주신 지혜로 제안한 아이디어를 사장에게 내밀 때마다 그 제안들은 용케도 좋은 성과를 거두었다. 그러자 사장의 생각이 바뀌었다. 점쟁이의 말대로라면 망해야 되는데 망하지도 않고 더 좋아졌기 때문이었다. 사장은 그 형제를 불러 물어 보았다.

"어떻게 이런 좋은 아이디어를 생각해 냈어?"

"저희 교회 전도사님이 알려주신 대로 회사 일이 다 끝나고 매일 기도하러 갔는데, 기도할 때마다 하나님이 주신 지혜와 아이디어를 사장님께 보여 드린 겁니다."

"네가 믿는 하나님은 정말 하나님인가 보다."

놀란 비그리스도인 사장은 주님을 영접하기로 작정했다. 요셉이 보디발에게 신뢰를 얻을 수 있었던 것은 하나님이 함께하셨기 때문이고, 요셉이 끊임없이 하나님을 의지하고 기도했기 때문이었다. 그래서 하나님이 요셉을 통하여 이방인에게 하나님의 능력을 보여 주신 것이다.

이렇게 믿는 사람 때문에 믿지 않는 사람들이 축복받게 되는 것이 제대로 된 예수쟁이들이 사는 맛 아니겠는가?

"요셉이 이끌려 애굽에 내려가매 바로의 신하 친위대장
애굽 사람 보디발이 그를 그리로 데려간 이스마엘 사람의
손에서 요셉을 사니라 여호와께서 요셉과 함께하시므로
그가 형통한 자가 되어 그의 주인 애굽 사람의 집에 있으
니 그의 주인이 여호와께서 그와 함께하심을 보며 또 여
호와께서 그의 범사에 형통하게 하심을 보았더라 요셉이
그의 주인에게 은혜를 입어 섬기매 그가 요셉을 가정 총
무로 삼고 자기의 소유를 다 그의 손에 위탁하니 그가 요
셉에게 자기의 집과 그의 모든 소유물을 주관하게 한 때
부터 여호와께서 요셉을 위하여 그 애굽 사람의 집에 복
을 내리시므로 여호와의 복이 그의 집과 밭에 있는 모든
소유에 미친지라 주인이 그의 소유를 다 요셉의 손에 위
탁하고 자기가 먹는 음식 외에는 간섭하지 아니하였더라
요셉은 용모가 빼어나고 아름다웠더라" 창세기 39:1-6

예수를 믿는다는 것은 곧 사단의 공격 대상이 된다는 것을 의
미한다. 물론 예수님의 능력으로 이기게 되어 있지만, 잠시 당
하는 시련들이 우리를 곤혹스럽게 하고 좌절하게 할 때가 있다.
　요셉도 하나님을 섬기며 경건하게 보디발의 집에서 종살이
를 하고 있었다. 그의 성실함은 모든 사람들이 인정할 정도였

고, 그의 충성스러움은 주인의 눈에 들기에 충분했다. 그러나 유혹을 뿌리치고 하나님의 사람으로 살아가려다가 보디발의 아내에게 모함을 당하고 옥에 갇히는 신세가 되고 말았다. 이쯤 되면 원망할 만도 한데 요셉은 오히려 더욱 하나님을 신뢰하며 하나님의 응답을 기다렸다. 하나님은 자기에게 가까이 하는 자에게 수치를 당치 않게 하실 뿐 아니라 형통케 하는 축복을 주시는 분이심을 요셉을 통해서 보여 주셨다. 예수쟁이의 맛을 낼 수 있는 멋진 신앙인은 하나님이 함께하시는 사람이다.

1. 성도는 하나님과 동행하는 사람이다

요셉은 언제나 자신과 함께하시는 하나님의 존재를 느끼면서 살았기에 자신에게 닥치는 육체의 정욕에 대한 달콤한 유혹을 뿌리칠 수 있었다. 어려움이 닥쳐도 하나님을 원망하거나 불평하기보다는 하나님의 선하신 뜻을 믿고 기다리며 자기에게 맡겨진 일에 최선을 다했다. 우리가 처한 상황이 어떠하든지 우리와 함께하시는 하나님은 우리를 지키시고 돌보아 주신다. 우리가 요셉처럼 성실히 최선을 다하면 좌절과 절망의 장소가 사랑을 받는 장소로 변하는 것을 경험하게 될 것이다.

2. 성도는 자기의 신앙만을 지키기 위해 안간힘을 쓰는 자가 아니라 다른 사람들에게 위로와 희망을 주는 사람이다

감옥 안에서도 죄수들 사이에서 인정받는 자가 되고, 실망하고 좌절할 수밖에 없는 상황 속에서도 위로자가 될 수 있는 것은 성도의 특권이다.

3. 성도는 하나님이 범사에 형통하게 하심으로 살아가는 사람이다

"여호와께서 그를 범사에 형통하게 하셨더라"고 창세기 39장 23절은 말씀하고 있다. 요셉은 자신의 어려운 처지와 환경 속에서도 결코 하나님의 구원을 의심치 않았고 인내하며 기다렸다. 마찬가지로 성도는 함께하시는 하나님의 존재를 느껴야 한다. 우리는 어려운 환경이나 처지를 나 혼자만 당하는 고통으로 생각하지 말아야 한다. 지혜와 정직, 거룩한 생활은 아무리 어둡고 절망적인 환경 속에서도 빛을 발하게 되어 있다. 다시 말해서 예수님을 모시고 사는 사람은 종살이를 하든, 회사에 다니든, 사업을 하든, 가정에서 식구들을 섬기든, 언제나 하나님이 함께해 주시는 은혜로 형통하게 된다는 것이다.

Quiet Time

1. 당신은 직장 생활 속에서 예수 믿는 것으로 인해 어려움을 겪어 본 적이 있는가?
2. 당신으로 인해 주위에 있는 사람들이 축복을 받을 수 있는 비법의 처방전을 얼마나 사용하고 있는가?
3. 도움을 필요로 하는 자들에게 좋은 격려자와 지혜자가 되기 위해 당신은 위로부터 오는 능력을 얼마나 받고 있는가?

chapter 18

신뢰할 만한 사람이 되게 하라

세상과 그리스도인의 관계를 바다와 배의 관계로 말하기도 한다. 바다와 배는 함께 있지만 배가 바다 속에 빠지면 침몰하게 된다. 배는 바다와 함께 있지만 둥둥 떠 있어야 한다. 그리스도인은 바다 위의 배와 같다. 함께는 있을 수 있지만, 섞여서는 살 수 없는 것이다.

"함께 살면서도 섞여 살지 않기"라는 숙제를 어떻게 풀어야 하는가? 이상한 것은 예수를 믿지 않는 세상 사람들도 예수를 믿는 사람들이 세상에 섞여 사는 것을 바라지 않는다는 것이다.

예수를 믿는 사람들은 나쁘고 못된 일들은 하나도 하지 않고, 오로지 착하고 모범되고 좋은 것들만 하고 살아야 한다는 기대감을 가지고 있다. 그리고 그런 눈으로 그리스도인들을 지켜보고 있다. 비그리스도인들은 그리스도인인 우리에게 감동을 주는 사람이 되라고 무언의 기대를 한다. 그들이 요구하는 그리스도인들의 특기 사항은 무엇일까?

모두가 익히 알고 있는 이야기를 해볼까 한다.

어느 날 아버지와 아들이 목욕탕에 함께 갔다. 먼저 아버지가 열탕에 풍덩 들어가면서 "아이구, 시원해라!" 하고 말했다. 아버지의 말을 믿고 아들이 열탕에 풍덩 들어갔다. 그러나 아버지가 시원하다고 했던 그 탕은 뜨겁기만 했다. 허겁지겁 뛰쳐나오며 아들이 하는 말, "세상에 믿을 놈 하나도 없구먼!"

우리 시대의 풍조를 그리고 있는 이 이야기는 웃고 넘기기엔 씁쓸한 뭔가가 있다. 이처럼 세상에는 점점 더 신뢰할 만한 것들이 사라지고 있다. 거짓과 속임수가 더 화려하게 설치는 판국이다. 독버섯의 모양과 빛깔이 더 화려하고 예쁜 것처럼 말이다.

이런 세대 속에서 비그리스도인들이 그리스도인인 우리에게 특별히 요구하는 것이 바로 "신뢰성"이다.

어떤 집사님이 커피숍을 경영하는 비그리스도인 사장 밑에서 일을 하게 되었다. 남편도 실직하고 어려운 일을 겪게 되어서 집사님이 커피 전문점에 나가 아침 10시부터 밤 10시까지 일을 하게 된 것이다. 집사님은 주어진 일에 최선을 다해서 일하고 싶었다. 10시까지 출근하라는 사장님의 명령이 있었지만 더 성실하고 싶어 9시부터 나와서 일을 시작했다.

"왜 10시까지 나오라는데 이렇게 일찍 나와요?"

"10시에 나와서 일을 시작하면 너무 촉박해서 9시에 나와 여유 있게 일하려고 하는 것뿐이에요. 월급은 더 주시지 않아도 되니까 너무 부담 갖지 마세요. 제게 맡겨진 일을 잘하기 위해서 그러는 것이니까요."

사장은 속으로 생각했다. '길어야 한두 달이겠지, 언제까지 가겠어?'

그러나 사장의 생각과는 달리 한 달, 두 달, 6개월, 1년이 지나도록 그녀의 성실함에는 변함이 없었다. 그에 감동한 사장은 그녀를 점점 신뢰하게 되었다. 다른 직원에게는 절대 맡기지 않았던 계산대를 그녀에게 턱 하니 맡기고 자신의 일을 봤다. 1년 6개월이 지나자 사장은 이 집사님의 성실함에 완전히 매료되어 버렸다.

"당신은 어떻게 이렇게 변함없이 성실할 수 있죠?"

"예수님을 믿기 때문이죠."

대답은 너무나 간단명료했다. 결국 사장은 이 집사님의 당당하고 아름다운 모습에 반해 예수를 믿게 되었다. 뿐만 아니라 그녀에게 분점을 차려 주기도 했다. 그 집사님은 지금까지 성실로 식물을 삼아 변질되지 않는 신뢰를 이어 가고 있다. 그 집사님의 이야기를 들으며 '아! 바로 이런 사람이 비그리스도인들이 기대하고 있는 바로 그 예수쟁이구나!'라는 생각을 하게 되었다.

이러한 삶을 우리는 요셉에게서도 배울 수 있다.

"이에 요셉의 주인이 그를 잡아 옥에 가두니 그 옥은 왕의 죄
수를 가두는 곳이었더라 요셉이 옥에 갇혔으나 여호와께서 요
셉과 함께 하시고 그에게 인자를 더하사 간수장에게 은혜를
받게 하시매 간수장이 옥중 죄수를 다 요셉의 손에 맡기므로
그 제반 사무를 요셉이 처리하고 간수장은 그의 손에 맡긴 것
을 무엇이든지 살펴보지 아니하였으니 이는 여호와께서 요셉
과 함께 하심이라 여호와께서 그를 범사에 형통하게 하셨더
라" 창 39:20-23.

"하나님이 요셉과 함께하셨다"는 것이 키워드이다. 하나님
은 언제나 누구와도 함께하신다. 단, 그 사실을 알고 하나님으
로부터 부여받은 능력을 발휘하며 인내하고, 비그리스도인보
다 뛰어난 삶을 사는 사람에게만 더 큰 축복이 임한다. 만약 요
셉이 감옥에서 못된 짓을 했다면 전옥이 요셉에게 모든 것을
맡길 수 있었을까? 물론 하나님이 함께하시고 동행해 주시고
형통케 하셨기 때문에 전옥의 마음이 움직인 것이다. 또 하나
님이 함께하셨기에 죄수들과도 화목하게 지낼 수 있었다. 그러
나 요셉은 다른 사람들과는 분명 달랐다. 전옥이 모든 감옥의
열쇠와 사무 처리까지 맡기게 된 것은 '이 사람 정말 믿을 수
있는 사람이다.'라는 확신이 있었기 때문이다.

"여호와를 의뢰하고 선을 행하라 땅에 머무는 동안 그의 성실을 먹을 거리로 삼을지어다 또 여호와를 기뻐하라 그가 네 마음의 소원을 네게 이루어 주시리로다 네 길을 여호와께 맡기라 그를 의지하면 그가 이루시고 네 의를 빛 같이 나타내시며 네 공의를 정오의 빛 같이 하시리로다"

시편 37:3-6

성도의 삶이란 하나님의 통치와 지배와 그 다스림 속에 있다. 주께 맡긴 삶은 주변을 환히 비춰 주는 등불처럼 엄청난 영향력을 발휘한다. 그 영향력은 감동으로 이어지고 진한 감동은 곧바로 하나님의 영광과 직결되는 은혜로 나타난다. 이 세상에서 하나님의 다스림을 받으며 순종하다 보면 고난이 따르기도 하고 어려움을 겪기도 하고 바보스럽다는 말을 듣기도 할 것이다. 그러나 진실은 어디서나 통하는 법이다. 성실하고 충성스런 사람을 세상 사람들도 좋아한다. 우리는 소리 없이, 조용히 각 심령 속에 하나님의 사랑의 능력을 나누어 주는 하나님의 사신인 것이다. 어떻게 할 때 우리는 하나님이 기뻐하시는 진정한 예수꾼이 될 수 있을까?

1. 하나님을 의뢰하고 선을 행할 때 예수꾼이 된다

"여호와를 의뢰하고 선을 행하라"는 3절 말씀은 성도가 하나님을 섬기기 위해 부름 받은 청지기일 뿐 아니라 사람들을 섬기기 위해 부름 받은 종이라는 의미로 받아들일 수 있다. 그러므로 우리는 할 수 있는 한 온 힘을 다하여 이웃을 섬겨야 한다. 예수 믿는 사람들은 하나님을 섬기는 삶이 세상을 향해 선을 행하는 것으로 나타나게 되어 있다. 그렇지 않을 때 성도는 세상에서 비난의 대상이 될 수밖에 없고, 세상을 향한 성도의 외침은 힘을 잃고 만다. 마치 허공을 치듯 공허해지고 말 것이다.

2. 성실하게 살아갈 때 예수꾼이 된다

"땅에 머무는 동안 그의 성실을 먹을 거리로 삼을지어다." 이 말을 다른 말로 표현하면 주위 환경이나 다른 사람들에게 영향을 받지 말라는 말이다. 우리의 시선은 예수 그리스도께만 고정되어야 하고, 예수님에게서만 배우고 영향을 받아야 한다. 문제는 우리가 예수님을 바라보다가도 세상을 바라보면서 자신과 세상과의 차이를 비교한다는 것이다. 그리고 세상 사람들의 말을 듣고 그들에게서 배우면서 하나님께 불평하기 시작한다는 것이다. 아무리 세상이 악하고 잔재주를 피우며 눈가림으로 살아가지만 그럴수록 우리는 더욱 예수 그리스도를 닮아야 한다. 세상이 우리의 모습을 보고 영향을 받을 수 있도록 성실한 삶을 통해서 영향력을 발휘해야 한다.

3. 하나님으로 기뻐할 때 예수꾼이 된다

"또 여호와를 기뻐하라 그가 네 마음의 소원을 네게 이루어 주시리로다." 우리는 이 말씀의 뜻을 확실히 알아야 한다. "여호와를 기뻐하라"는 말씀은 "하나님으로 기쁨의 기준을 삼으라"는 뜻이다. 세상 사람들은 그들 나름대로의 기쁨의 대상과 기준을 가지고 있다. 그러나 우리는 그들이 가지고 있는 잣대를 우리의 기쁨의 기준으로 삼아서는 안 된다. 세상의 잣대로 기쁨의 기준을 삼게 되면 당연히 우리의 신앙은 흔들릴 수밖에 없다. 우리의 기쁨의 기준과 대상은 오직 한 분 하나님뿐이시다.

4. 자신의 삶을 하나님께 맡길 때 예수꾼이 된다

"네 길을 여호와께 맡기라 그를 의지하면 그가 이루시고." 성도의 삶은 하나님께 전폭적으로 맡기는 삶이다. "한 번뿐인 인생을 누구에게 맡길 것인가?" 이 질문은 인생을 살아가는 동안 아주 중요한 질문이다. 왕 되신 하나님께 맡기면 하나님이 사랑으로 보호하시고, 우리의 필요를 채워 주시고, 우리의 삶을 책임져 주실 것이다.

하나님을 의지하지 않고는 악한 세상에서 선을 행할 수가 없다. 성실로 식물을 삼기 위해서는 흔들리지 않는 믿음의 주관이 필요하며, 위로부터 공급되는 힘과 능력이 있어야 한다. 그래야 세상과 타협하지 않고 예수꾼다운 삶을 살게 된다. 우리

의 삶을 하나님께 맡기고 하나님의 시간을 기다리는 예수꾼이
되자.

Quiet Time

1. 당신의 인생은 누구에게 맡겨져 있는가? 후회 없는 결정이라고 생각하는가?

2. 당신은 일터에서 예수꾼의 삶의 모습을 어떻게 나타내고 있는가?

3. 당신의 삶은 하나님만을 의뢰하고 성실을 식물로 삼는 삶이라고 말할 수 있는가?

chapter 19

영적으로 바로 서게 하라

"아무개 집사님 아세요?", "아무개 권사님 아세요?" 하고 누군가가 우리 자신에 대해 물을 때, "아! 그분이요? 무척이나 하나님을 사랑하고 하나님 뜻대로 살기 위해 있는 힘을 다하시더니 결국 하나님이 얼마나 높여 주셨는지 몰라요"라고 말하면서 당신을 떠올려 준다면, 신앙인으로서 얼마나 수지맞는 삶일까?

그런 수지맞는 삶이 되기 위해서 세상 속의 그리스도인은 어떻게 살아야 할 것인가?

5년 동안 만년과장 자리에 묶여 있었던 집사님이 있었다. 후배들이 치고 올라오고 주위 동기들이 눈치를 주는 통에 심한 갈등을 겪게 되었다.

'이제는 끝을 내야 하나 보다.' 하는 생각이 들어 인사발령일을 앞두고 하나님께 기도하기 시작했다. "예수 믿는다는 사람이 만년 과장을 벗어나지 못하네"라는 소리가 듣기 싫어 금요철야, 수요예배 등 시간이 될 때마다 무조건 교회에 나와서 예배드리고 기도하기 시작했다.

"전도사님, 내일이 인사발령일인데 이상하게 마음이 평안해요. 하나님이 저에게 최고의 것을 주실 것 같다는 확신이 드네요."

"왜 그런 확신을 하게 되셨어요?"

"하나님이 저에게 두 가지를 준비시키셨어요. 영적으로 바로 서게 하셨고 더 큰 그릇을 만들게 하셨습니다."

"영적으로 바로 서기와 큰 그릇 만들기가 준비되셨다는 소리네요. 어떤 그릇을 준비하셨는데요?"

"다른 친구들이 승진해서 새로운 일에 적응하는 동안 저는 이 자리에 있으면서 신진세력들의 수준에 맞추기 위해 꾸준히 컴퓨터, 영어 등을 준비했습니다. 이렇게 준비한 것들을 이제 사용하실 것이라는 생각이 자꾸 드네요."

다음날 출근했을 때 그의 눈앞에는 정말 기적 같은 일이 일어났다. 그가 아니면 처리할 수 없는 일이 생긴 것이었다. 놀랍게도 그는 두세 계단 이상 고속승진을 하게 되었다. 정말 하나님은 사람이 능히 할 수 없는 일을 하게 하심으로써 승리하는 모습을 보여 주신다. 만년 과장 자리에 있으면서 숱한 비웃음

속에서도 잠잠히 준비하게 하시다가 "탁" 드러내실 때, 당사자 본인의 입은 "탁" 벌어지게 하셨고, 비웃으며 지켜봤던 자들의 입은 "탁" 다물게 하셨다.

그리스도인은 어제가 있기에 오늘이 있는 것이 아니라 미래에 예정된 사람이 되기 위해서 오늘이 있다는 역사관을 가져야 한다. 술술 잘 풀리지 않는 인생사를 만났는가? 이런 것들이 사실 미래에 우리가 만나게 될 놀라운 기적의 작은 은혜의 씨앗이 됨을 빨리 눈치 채기 바란다.

그렇다. 집사님처럼 만년과장으로 묶여만 있거나, 요셉처럼 끊임없이 어려운 역경만 겪는다면 누가 예수를 믿겠는가? 예를 들어, 음탕한 눈으로 홀리는 보디발의 아내의 유혹을 당당하게 물리치고도 억울하게 감옥에 갇히고, 꿈 이야기를 한번 늘어놨다가 형제들에 의해 노예상인에게 팔려가는 이런 분통 터지는 역경만 이어진다면, "예수 잘못 믿으면 죽도록 고생만 해!"라고 새신자들이 오해할지 모른다.

그러므로 그리스도인들은 하나님이 함께하시는 증거, 즉 때가 차매 자기 백성들을 높여 주시는 증거들을 드러내는 삶을 살아야 한다. 예수를 믿으면 얼마나 수지맞는지를 보여 줘야 한다.

TV드라마를 볼 때 시종일관 잘 먹고 잘 사는 이야기만 나오면 긴장감이 줄어들어 지루하고 식상하고 재미가 없어진다. 반대로, 너무 하는 일마다 꼬이고 얽히고설킨 내용들만 나오면 답답하고 짜증이 난다.

대부분의 극작가들은 글을 쓸 때, 처음에는 우연과 필연을 마구 섞어 이런저런 일들로 꼬이게 해서 거미줄같이 얽히게 만들어 놓는다. 그래서 많은 고통 가운데 주인공이 힘들어 하지만 결국 인내하면서 선한 모습으로 살다가 절정을 지나서부터는 해결의 실마리를 찾아가며 해피엔딩으로 끝나는 카드를 잘 사용한다.

극작가들이 선호하는 이런 구조를 하나님은 창세기에서 이미 사용하고 계신 것이다. 요셉처럼 세상 속에서 살아가는 그리스도인들은 믿지 않는 사람들, 앞으로 믿을 사람들에게 역경을 믿음으로 극복하고 승리하는 해피엔딩을 보여 줄 수 있어야 한다.

"바로와 그의 모든 신하가 이 일을 좋게 여긴지라 바로가 그의 신하들에게 이르되 이와 같이 하나님의 영에 감동된 사람을 우리가 어찌 찾을 수 있으리요 하고 요셉에게 이르되 하나님이 이 모든 것을 네게 보이셨으니 너와 같이 명철하고 지혜 있는 자가 없도다 너는 내 집을 다스리라 내 백성이 다 네 명령에 복종하리니 내가 너보다 높은 것은 내 왕좌뿐이니라 바로가 또 요셉에게 이르되 내가 너를 애굽 온 땅의 총리가 되게 하노라 하고 자기의 인장 반지를 빼어 요셉의 손에 끼우고 그에게 세마포 옷을 입히고 금 사슬을 목에 걸고 자기에게 있는 버금 수레에 그를 태우매 무리가 그의 앞에서 소리 지르기를 엎드리라 하더라 바로가 그에게 애굽 전국을 총리로 다스리게 하였더라 바로가 요셉에게 이르되 나는 바로라 애굽 온 땅에서 네 허락이 없이는 수족을 놀릴 자가 없으리라 하고 그가 요셉의 이름을 사브낫바네아라 하고 또 온의 제사장 보디베라의 딸 아스낫을 그에게 주어 아내로 삼게 하니라 요셉이 나가 애굽 온 땅을 순찰하니라" 창 41:37-45.

이 말씀을 읽노라면 정말 멋진 드라마 한 편, 인생의 대역전 "성공시대"를 보는 것 같다. 고난의 막이 내려지고 결국 믿음으로 승리하고 나서 하나님이 주신 축복을 받아 누리는 요셉의 모습을 읽어 볼 수 있다. 그야말로 전화위복의 대장정이다.

그러나 믿음으로 승리하는 모습은 어느 날 감나무 밑에 누워 자다가 운 좋게 떨어진 감 하나를 주워 먹는 것처럼 쉽게 얻어지지 않는다. 믿음으로 승리하기까지 한 걸음 한 걸음 성실히 준비해 나가야 하는 것이다.

쫄딱 망해 재활용이 불가능해 보이는 인생의 과정을 걸어간다 할지라도 그리스도 안에서는 결코 망함이 용납되지 않음을 세상 속에서 야무지게 나타내 믿지 않는 사람들에게 보여 줄 수 있어야 한다. 오뚝이처럼 벌떡 일어나 "나처럼 해보시오!" 하고 도전을 주는 용맹함이 있어야 한다.

요셉이 고난 가운데서도 이런 일들을 척척 처리하는 것을 보면서 '여러 가지로 준비된 사람은 역시 다르구나.' 하는 생각을 하게 된다.

바로가 "너를 총리로 세우겠다"고 했을 때 요셉은 사양하지도 않고 겁을 내지도 않고 그냥 받아들였다. 바로가 요셉에게 "네 허락 없이는 수족을 놀릴 자가 없으리라" 하고 이름도 바꿔 주고 아내도 주었을 때 그는 넙적넙적 받은 것을 볼 수 있다. 자신에게 다가오는 이 모든 영광스러운 것들을 부담스러워하지 않을 만큼 이미 모든 것에 준비되어 있었던 것이다.

그리고 더욱 놀라운 것은 그가 권좌에 올라 애굽 온 땅을 순찰하는 지도자가 되었을 때, 그는 이미 완벽하게 준비되어 있었다는 것이다. 그는 보디발의 집에서 종살이를 하는 동안, 그리고 감옥생활을 하는 동안 애굽의 언어와 관습을 통달했을 것이다. 또한 왕의 죄수가 갇히는 감옥에 있었기에 수준 있는 사람들과 이야기를 나눌 수도 있었다. 따라서 그는 왕의 성품, 나라가 돌아가는 상황들을 어느 정도 알고 있었다. 그래서 왕을 잘 보필하고 백성들의 이모저모를 살피기에는 그야말로 적격이었다.

감옥 안에서 총리 사관학교를 졸업케 하시는 하나님의 솜씨! 하나님다운 기발한 걸작이다. 그 자리에 잘 어울릴 수 있도록 하나님이 인도하셔서 감옥에서 집중훈련을 시키시고 영과 육의 준비를 마치게 하신 것이다.

하나님은 당신이 영적 바로 서기와 큰 그릇 만들기를 하고 있기를 원하신다.

"기록된 바 내가 너를 많은 민족의 조상으로 세웠다 하심
과 같으니 그가 믿은 바 하나님은 죽은 자를 살리시며 없
는 것을 있는 것으로 부르시는 이시니라 아브라함이 바랄
수 없는 중에 바라고 믿었으니 이는 네 후손이 이같으리
라 하신 말씀대로 많은 민족의 조상이 되게 하려 하심이
라" 로마서 4:17-18

세상을 살다 보면 기가 막힐 정도로 믿음이 좋은 사람들을
만나게 된다. 세상의 기준에서 보면 기준 미달인데 하나님의
눈으로 보면 심히 대단한 사람들이다. 세상은 똑똑한 사람들에
의해서 역사가 창출되는 것이 아니라, 미련해 보여도 하나님의
손에 붙들린 사람들에 의해 지탱되고 있다는 사실을 성경을 읽
을 때마다 발견하게 된다.

수천 년이 지난 시점에서 바울은 아브라함에 대한 이야기를
끄집어내 우리에게 믿음의 역사를 재조명해 주고 있다. 아브라
함은 사람의 생각으로는 도저히 불가능한 것을 전혀 의심하지
않고 굳게 믿은 사람이었다. 하나님이 하신 말씀이 인간의 이
성으로는 도저히 납득할 수 없는 것이었는데도 불구하고 말이
다. 이런 아브라함의 믿음 때문에 하나님은 약속하신 말씀을
다 이루어 주셨고, 그가 역사의 흐름 속에서 구원의 물줄기를

지탱할 수 있는 밑거름으로 쓰임받게 하셨다. 아브라함은 역사를 바꾸는 믿음의 주인공이 된 것이다. 역사를 바꾸는 믿음은 어떤 것인가?

1. 하나님의 말씀을 믿는 믿음이다

하나님의 말씀은 하나님과 인간 사이에 맺은 언약이다. 하나님은 말씀을 통해서 자신의 계획을 인간에게 드러내시고 아울러 인간에 대한 사랑과 심판을 나타내신다. 하나님은 이 약속의 말씀을 믿고 지키는 자에게 미래의 축복을 약속해 주셨다. 그러므로 하나님의 자녀가 된 우리는 하나님의 말씀을 믿고 따라갈 때 아브라함처럼 놀라운 기적을 경험하게 될 것이다.

2. 의심하지 않고 믿는 믿음이다

의심은 믿음생활에 아무런 보탬이 되지 않을 뿐 아니라, 아무런 능력도 체험하지 못하는 원인이 되기도 한다. 죽은 자를 산 자처럼 여기는 그 믿음에는 늙어 아들을 가질 수 없을 때에도 의심하지 않은 아브라함과 같은 우직함이 있어야 한다. 아브라함은 견고한 믿음을 가졌기에 하나님의 약속을 받을 수 있었다. 믿음은 의심하지 않을 뿐만 아니라 반드시 이루어지리라는 희망을 갖는 것이다. 그러므로 믿음은 바라는 것들의 실상이요 보지 못하는 것들의 증거라고 성경은 말한다. 누가복음 1장 25-32절에서 시므온은 반드시 메시아를 볼 것이라는 희망을 가지고 있었기에 나이 들어 죽음이 임박했음에도 불구하고 예수 그리스도를 만날 수 있었다.

3. 믿음이 반드시 이긴다는 것을 믿는 믿음이다

믿음은 요셉처럼, 만년 과장이었던 집사님처럼 대역전의 드라마가 있음을 굳게 믿고 넉넉하게 한 걸음씩 행보하여 승리할 때까지 포기하지 않고 자신이 할 것들을 묵묵히 해나가는 것이다.

Quiet Time

1. 당신은 바랄 수 없는 중에 바라는 아브라함의 믿음을 어떻게 생각하는가?

2. 당신은 믿음으로 하나님이 예비하신 미래를 바라보고 있는가?

3. 당신은 살아 있는 믿음을 직장과 가정에서 다른 사람들에게 보여 주고 있는가?

chapter 20

빛과 소금으로 살게 하라

세상 속의 그리스도인이라면 "나는 예수를 믿는 사람이다. 당신도 반드시 예수님을 믿어야 한다"라고 당당히 주장할 수 있어야 한다. 또 동시에 전도도 할 수 있어야 한다. 가끔 우리는 불리한 상황에 이르면 요리조리 말을 바꾸며, 날쎄게 순간 포착을 잘해서 자신에게 유리하게 상황을 만들어 가는 명수들을 만나게 된다. 게다가 그런 사람들은 자신의 입장을 합리화하기 위해 성도임을 자청하고 성경을 운운하기도 한다. 우리는 그들을 어떤 말씀으로 깨우쳐 주어야 할까?

마음속에 있는 것은 바깥으로 표출되게 마련이다. "돈! 돈! 돈!" 하는 사람은 앉으나 서나 주식 투자, 땅 투기 등의 이야기로 꽃을 피운다. 자식의 대학 입학에 오직 마음이 사로잡힌 사람은 과외, 유명강사 이야기를 하느라 정신없다. 그들은 자식의 대학 입학에 목숨을 걸었다. 우리가 앉으나 서나 예수 이야기를 하려면 먼저 우리의 마음속의 내용물을 예수로 가득 채워야 한다. 그래야 누에고치 주둥이에서 명주실이 뽑아 나오듯 살짝 건드리기만 해도 술술 예수 이야기가 나오게 된다.

새신자가 비그리스도인 사장을 만났다. 그 사장은 아버지에게서 사업을 물려받은 사업가 2세로서 별 어려움 없이 순풍에 돛 단 듯 사업체를 경영하고 있었다. 그런데 너무 할 일이 없고 무료해서인지 술을 가까이 하다가 결국 알코올 중독자가 되어 버렸다. 안타깝게 여긴 새신자가 그를 찾아가 이렇게 말했다.

"사장님, 예수 믿으십시오. 그러면 알코올 중독에서 나을 수 있습니다."

그러나 아무리 사장에게 이야기를 해도 자신의 말을 듣지 않는다면서 나를 찾아와 사장님을 만나 달라고 거듭 부탁을 했다. 믿음 생활을 시작한 지 얼마 되지 않는 새신자가 이처럼 당당하고 겁 없는 믿음을 보여 주는 것을 보면서 '이분이야말로 마음속에 하나님이 가득 찼구나.' 하고 생각했다. 방금 예수를 믿고 자기 자신도 겨우 걸음마를 하는 사람이 사장에게 예수를 믿어야 술독에서 빠져나올 수 있다고 이야기한 것이다. 그것도 말단 사원이 기업주인 사장에게 말이다. 그런 당당하고 자신 있는 모습이 세상 속의 능력 있는 그리스도인의 모습이라 생각했다.

이 새신자를 보면서 성경 속에서 이름 없는 사람들이 결정적인 역할을 할 때가 많았음을 떠올렸다. 바울을 광주리로 피신시킨 사람도 그 중에 한 사람이다. 목숨의 위험을 무릅쓰고 바울을 구해 주어 바울이 전도사역을 마칠 수 있도록 한 것이다. 자기의 이름을 내세우지 않는 이러한 쓰임은 무척 귀하게 다가온다. 이런 사람을 주님은 찾고 계실 것이다. 이름 없이, 빛 없이 지극히 작은 일 앞에 오직 예수만 드러내는 삶을 사는 사람 말이다.

요셉은 어떻게 하나님을 드러내는 삶을 살았는가? 어떻게 신앙고백을 했는가? 요셉은 죄수의 몸으로 있다가 어느 날 왕 앞에 불려나갔다. 왕은 죄수인 요셉에게 꿈을 해석하라고 명령했다.

"바로가 요셉에게 이르되 내가 한 꿈을 꾸었으나 그것을 해석하는 자가 없더니 들은즉 너는 꿈을 들으면 능히 푼다 하더라 요셉이 바로에게 대답하여 이르되 내가 아니라 하나님께서 바로에게 편안한 대답을 하시리이다" 창 41:15-16.

정말 당당한 죄수의 모습이다. 알 수 없는 꿈을 꿨는데 그 꿈을 해석하라고 왕이 명령했을 때 요셉은 두려운 마음 없이 담대하게 하나님을 알렸다. 또한 이 꿈을 해석할 수 있다면 자신의 능력이 아니라 하나님의 능력 때문이라는 것도 분명히 제시했다.

이 모습은 참으로 우리를 시원케 하는 당당하고 멋진 모습이다. 그것도 유대 땅도 아니고 생전 하나님을 듣지도 보지도 못한 이방 땅에서 말이다. 뿐만 아니라 이방신을 섬기는 최고의 권력자인 왕 앞에서 가장 낮은 죄수의 몸으로 신앙고백을 하고 자기가 믿는 하나님의 능력을 나타냈다는 것은 정말 대단한 모습이 아닐 수 없다. 바로 이런 모습이 세상 속에서 그리스도인이 살아야 하는 모습이 아닐까?

요셉처럼 우리에게 감동적인 복음의 증인의 모습을 보여 주는 여자아이 이야기가 열왕기하 5장 2–3절에 나온다.

"전에 아람 사람이 떼를 지어 나가서 이스라엘 땅에서 어린 소녀 하나를 사로잡으매 그가 나아만의 아내에게 수종들더니 그의 여주인에게 이르되 우리 주인이 사마리아에 계신 선지자 앞에 계셨으면 좋겠나이다 그가 그 나병을 고치리이다 하는지라."

그 외에도 수없이 많지만 이 두 사건의 주인공들은 하나님을 당당하게 드러내고 있다. 이는 자기 마음속의 통치자가 하나님이기 때문에 위기의 상황에서도 이방사람에게 확실하게 신앙고백을 할 수 있었던 것이다. 이렇게 어떠한 상황 속에서도 하나님을 드러내는 것, 이것이 세상 속에서 그리스도인으로서 사는 삶의 모습이다.

"너희는 세상의 빛이라 산 위에 있는 동네가 숨겨지지 못
할 것이요 사람이 등불을 켜서 말 아래에 두지 아니하고
등경 위에 두나니 이러므로 집 안 모든 사람에게 비치느
니라 이같이 너희 빛이 사람 앞에 비치게 하여 그들로 너
희 착한 행실을 보고 하늘에 계신 너희 아버지께 영광을
돌리게 하라" 마태복음 5:14-16

이 세상에 빛으로 오신 예수님은 성도들을 가리켜 세상의 빛
이라고 하셨다. 빛은 하나님이 창조하신 것이다. 어둠을 몰아
내며 어둠을 밝히는 빛의 특징은 성도의 특징과 같다고 말할
수 있다. 빛은 모든 만물의 시작이며 활동의 무대가 된다. 빛은
우리들의 삶을 뒷받침해 주며, 밤과 낮을 가르는 분기점이며,
선과 악을 나누는 시금석이다. 그러므로 그리스도인은 주님 안
에서 빛의 자녀처럼 행해야 한다.

1. 성도는 세상의 빛이다. 빛은 어둠을 밝히는 힘을 가지고 있다

태초에 하나님이 빛을 창조하심으로 공허한 상태를 충만으
로, 혼돈한 상태를 질서 있는 세상으로 바꾸셨다. 빛은 여러 가
지 형태를 지니고 있다. 태양이나 달과 별들도 빛을 낸다. 가로
등이나 등불, 촛불, 그리고 날아다니는 반딧불도 제각기 빛을

가지고 있다. 그러나 예수께서 말씀하신 빛은 "빛" 자체이신 예수님의 모습을 말한다. 즉 "너희는 세상의 빛이라"는 말씀은 그리스도인들이 세상의 빛으로 오신 예수님과 같은 삶을 살아야 한다고 밝히는 것이다. 예수님의 삶은 마치 한 자루의 양초가 어둠을 밝히려고 자신의 몸을 녹여 빛을 발하듯, 거대한 어둠의 세력을 밝히기 위해 자신의 몸 전체를 불꽃처럼 사르신 삶이었다.

2. 빛은 가릴 수가 없다. 어둠이 깊을수록 빛은 더욱 명료하게 자신을 나타낸다

칠흑 같은 어둠이 빛을 삼키려 해도 빛은 어둠에 함몰되지 않는다. 예수 믿는 사람은 아무리 방해를 받아도 빛이기 때문에 감출 수가 없다. 기독교는 강한 생명력을 지닌 종교이다. 수많은 종교가 역사 속에 나타났다가 사라지곤 했지만 기독교는 그 신앙과 함께 도도히 오늘까지 흘러 왔다. 정치와 권력으로도 막을 수 없었다. 군대를 통한 무력으로도 신앙을 잠재울 수가 없었다. 그 이유는 결코 사라질 수 없는 영원한 빛이기 때문이다. 시대가 어두울수록 빛이 그리워지듯이 말세가 가까워질수록 어두운 세상을 밝힐 그리스도의 참된 빛이 필요하다.

하나님은 그의 백성들을 통하여 영광을 받으신다. 성도들의 모든 언행은 하나님의 영광과 관계 있다. 성도의 착한 행실은 세상 사람들에게 하나님이 살아 계시다는 사실을 알려줄 뿐 아니라, 하나님의 선하심을 드러내 준다. "너희가 이방인 중에서 행실을 선하게 가져 너희를 악행한다고 비방하는 자들로 하여금 너희 선한 일을 보고 오시는 날에 하나님께 영광을 돌리게 하려 함이라"고 베드로전서 2장 12절은 말씀하고 있다.

우리가 당당할 수 있는 이유는 바로 우리가 빛이라는 데 있다. 우리는 우리를 세상의 빛이라고 하신 예수님의 말씀을 따라 빛으로서의 사명을 다하기 위해 당당하게 세상 속의 그리스도인으로 나아가야 한다.

Quiet Time

1. 당신은 소위 세상에서 잘 나간다는 권력자들에게 하나님의 능력을 당당하게 말할 수 있는가?
2. 당신은 직장 상사나 예수님을 거부하는 친구들에게 당당하게 예수님에 관한 이야기를 전할 수 있는가?
3. 당신이 세상을 밝히는 빛이라는 데 대해 어떤 느낌이 드는가?

chapter 21

능력 있는 삶을 살게 하라

믿음 때문에 핍박을 받고 애매하게 고난 당하는 그리스도인들이 많이 있다. 이럴 때는 이 눈치 저 눈치 보며 우물쭈물할 것이 아니라 뜻을 먼저 세우는 것이 중요하다.

예수를 믿는다는 이유로 한학자인 아버지에게 심하게 핍박당하는 고등학생이 있었다. 아버지는 아들이 교회에 못 나가게 막았다. 아버지의 눈에 예수쟁이들은 조상도 없고, 부모와 형제도 모르고 자기들끼리만 좋다고 몰려다니는 수준 이하의 사람들로 보였기 때문이었다. 그 학생은 교회 고등부에 나가면서 예수님을 인격적으로 만났고, 예수님의 제자로서의 삶을 살기로 이미 결단했기에 아버지가 아무리 타이르고, 꾸짖고, 때리고, 핍박해도 그 뜻을 굽히지 않았다.

하루는 아버지가 아들을 불러 폭탄선언을 했다.

"예수를 포기하든지 아버지인 나를 포기하든지 양단간에 결정을 내려라!"

육신의 아버지를 포기하자니 하늘 아버지가 괘씸해하실 것 같고, 하늘 아버지를 포기하는 일은 있을 수도 없는 일이기에 고민하던 아들은 뜻을 정하고 아버지께 말씀을 드렸다.

"아버지는 한학자시지요? 그렇다면 학자답게 성경을 한 번이라도 읽으신 후 저에게 말씀해 주세요. 성경을 읽지도 않고 무조건 안 된다고 하시는 것은 학자이신 아버지답지 않습니다."

"그 따위 쓰잘데기 없는 책은 읽을 필요도 없다! 그런 허접 쓰레기 같은 책은 집어치우고 논어, 맹자 같은 유용한 책이나 읽어라."

"아버지가 원하시는 그런 책은 얼마든지 읽어 드릴 수 있습니다. 그러나 제가 타락한 생활을 하더라도 탓하지 마십시오. 제가 타락하지 않고 올바른 길을 걷는 것은 오직 예수님 때문입니다."

"이 놈아! 너는 애미, 애비도 없냐? 하늘에서 뚝 떨어졌냐, 아니면 땅에서 쑥 솟았냐? 이 나쁜 놈아! 좋다. 네 의견을 존중해 내가 성경을 읽은 다음에 다시 이야기하마."

그런데 아버지가 창세기를 읽다가 아들을 다급하게 불렀다.

'성경을 다 읽기 전에 다급히 부르시는 걸 보니 화가 머리끝까지 나신 게 분명해. 이 따위 책은 읽을 필요도 없다고 불호령이 떨어지려나 본데, 이를 어쩌지?' 아들은 초조해 하며 방에 들어갔다. 그런데 아버지는 뜻밖에 진지한 모습으로 이렇게 말씀하셨다.

"얘야, 이 성경은 진짜인가 보다."

전혀 기대하지 못했던 반응에 깜짝 놀란 아들은 아버지에게 물었다.

"그럼요, 당연하죠. 그런데 왜 그렇게 생각하시게 됐어요?"

"내가 지금까지 종교 경전들을 많이 읽어 봤는데 거의 모든 종교 경전들은 훌륭한 이야기만 기록되어 있었다. 그런데 성경에는 나쁜 이야기가 심심찮게 기록되어 있구나. 아브라함이 아내를 누이라고 속이는 사기사건, 형이 동생을 쳐 죽이는 살인사건, 형들이 동생을 노예로 팔아먹는 인신매매사건, 시아버지가 며느리와 동침을 한 간통사건 등. 도저히 종교 경전 안에 있을 수 없는 사건들이 기록되어 있는 것을 보니 꾸미지 않은 이것이 진리인 것 같구나. 거짓된 것은 자신의 거짓을 감추려고 좋은 것으로 미화시키는 법이다. 헌데, 성경 안에는 모든 인생의 슬픔과 고통과 고난과 어려움과 행복과 좋은 것과 나쁜 것이 다 기록되어 있으니 내 생각에 진짜로 보인다."

이 말을 들은 아들의 가슴은 터질 것같이 벅차올랐고 두 뺨에 흐르는 눈물을 주체할 길이 없었다. 그는 "하나님, 감사합니다! 예수님, 고맙습니다!"를 목청껏 외쳤다. 그러고는 아버지에게 예수님을 계속 소개했고, 결국 아버지를 하나님 품으로 인도할 수 있었다.

아들은 다니엘처럼 비그리스도인 아버지를 향해 먼저 뜻을 정하고 초지일관으로 나아갔기 때문에 결국 아버지를 전도할 수 있었다. 인간은 하나님 앞에서 먼저 뜻을 정하고 흔들림 없이 성실히 그 길을 가면 된다. 그 이후의 결과는 하나님께 맡겨라. 만약 하나님이 책임져 주시지 않는다면 그것은 하나님이 손해를 보게 되는 것이고 하나님 자신이 민망하게 되는 것이다.

강명옥's coaching coaching

"다니엘은 뜻을 정하여 왕의 음식과 그가 마시는 포도주로 자기를 더럽히지 아니하리라 하고 자기를 더럽히지 아니하도록 환관장에게 구하니 하나님이 다니엘로 하여금 환관장에게 은혜와 긍휼을 얻게 하신지라 환관장이 다니엘에게 이르되 내가 내 주 왕을 두려워하노라 그가 너희 먹을 것과 너희 마실 것을 지정하셨거늘 너희의 얼굴이 초췌하여 같은 또래의 소년들만 못한 것을 그가 보게 할 것이 무엇이냐 그렇게 되면 너희 때문에 내 머리가 왕 앞에서 위태롭게 되리라 하니라 환관장이 다니엘과 하나냐와 미사엘과 아사랴를 감독하게 한 자에게 다니엘이 말하되 청하오니 당신의 종들을 열흘 동안 시험하여 채식을 주어 먹게 하고 물을 주어 마시게 한 후에 당신 앞에서 우리의 얼굴과 왕의 음식을 먹는 소년들의 얼굴을 비교하여 보아서 당신이 보는 대로 종들에게 행하소서 하매 그가 그들의 말을 따라 열흘 동안 시험하더니 열흘 후에 그들의 얼굴이 더욱 아름답고 살이 더욱 윤택하여 왕의 음식을 먹는 다른 소년들보다 더 좋아 보인지라 그리하여 감독하는 자가 그들에게 지정된 음식과 마실 포도주를 제하고 채식을 주니라" 다니엘 1:8-16

제4원리 · 세상 속의 그리스도인에 대한 기준을 제시하라   187

우리는 다니엘을 통해서 세상의 때가 끼지 않은 한결같은 신앙이 무엇인가를 보게 된다. 16세에 뜻을 정한 다니엘은 일생을 살아가는 동안 하나님의 선한 손길 아래서 언제나 변함없이, 흔들리지 않는 믿음으로 오직 한 길을 걸어갔다. 그는 자신과 함께한 사람들에게까지 믿음의 영향력을 끼치고 하나님의 축복을 함께 누린 사람이다.

그의 탁월한 믿음에 대해서 한번 생각해 보도록 하자.

1. 죽기를 각오하는 믿음이었다

다니엘은 "왕의 음식과 그가 마시는 포도주"로 자기를 더럽히지 않기로 결심했다. 당시 역사가 말해 주듯 고대 잔치 음식은 언제나 신에게 먼저 제사로 바친 음식이었기 때문에 왕의 음식을 먹는 것은 하나님이 금하신 우상의 음식을 먹는 것이 되었다. 그래서 다니엘은 하나님 앞에서 "죄"를 짓지 않기 위해 죽음을 각오하고 거절했던 것이다. 어린 나이에 왕의 음식을 거절했다는 것은 대단한 믿음이라 할 수 있다. 하나님 중심의 삶은 세상 그 어떤 것에 의해 유혹당하지 않을 만큼 강력하다는 것을 배우게 된다.

2. 뜻을 정하는 믿음이었다

다니엘이 뜻을 정했다는 것은 자신의 믿음의 순결성을 지키기 위해 단호한 신앙의 결단을 내렸다는 것이다. "아는 것"과

"믿는 것"에는 분명히 차이가 있다. 알아도 믿지 않는 경우가 허다하고, 믿으면서도 행하지 않는 경우가 많은데, 어린 다니엘은 자신이 알고 있는 하나님을 믿음과 동시에 행동으로 옮긴 신앙인이었다. 우리가 세상을 살아가면서 미혹하고 넘어뜨리려 하는 악한 자들 속에서 "뜻을 정하는 것"은 매우 중요한 일이다. 하나님이 믿음의 결단을 요구하실 때 주저 없이 뜻을 정한다면 다니엘이 경험한 축복을 누리게 될 것이다.

3. 용기 있는 믿음이었다

포로로 잡혀 온 신분으로 왕의 진미를 거절한다는 것은 모든 것의 포기 그 자체였다. 다니엘이 수많은 사람 가운데서 특별한 간택을 입은 위치였음에도 불구하고 그러한 결단을 했다는 것은 거의 혁명과도 같은 시도라고 할 수 있다. 그러나 그는 손에 쥔 명예와 행복, 안정된 생활까지도 포기할 수 있는 신앙의 소유자였다. 그는 거대한 바벨론의 규례와 우상 숭배에 대해서 정면으로 싸울 수 있는 용기를 가지고 있었다. 하나님이 이 시대에 요구하시는 믿음의 사람은 다니엘처럼 불의한 체제와 오염된 사회 풍토에 쉽게 물들거나 동화되지 않고 신앙의 힘으로 정면 대결할 자세를 지닌 사람이다.

하나님은 환관장의 마음을 움직이시면서 분주히 역사의 손길을 드러내셨다. 하나님이 하시는 일을 누가 감히 막을 수 있으며 거스를 수 있겠는가? 전옥으로 하여금 요셉에게 은혜를 베풀게 하신 하나님의 역사를 바라보면서 우리의 신앙의 옷깃을 여며야 할 시점에 와 있음을 깨닫게 된다.

하나님의 역사는 능히 시험에서 이기게 하고, 어떤 어려운 상황 속에서도 견디게 하고, 불 가운데로 다닐지라도 불이 사르지 못하게 하고, 물 가운데 지날지라도 물이 침몰치 못하게 하는 은혜를 누리게 한다.

Quiet Time

1. 당신은 오염된 세상 속에서 믿음으로 뜻을 정했는가?
2. 믿음으로 뜻을 정하고 지켜 나가면서 겪었던 일들을 함께 나누어 보라.
3. 하나님이 함께하시는 능력 있는 신앙생활의 비결이 무엇이라고 생각하는가?

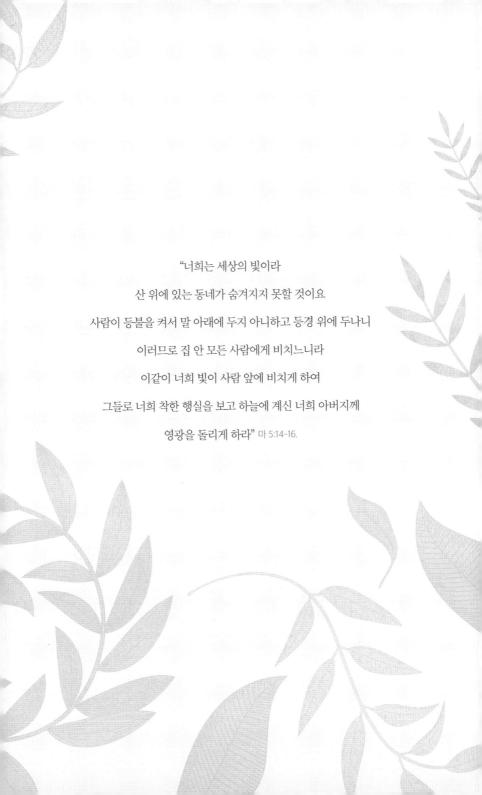

"너희는 세상의 빛이라

산 위에 있는 동네가 숨겨지지 못할 것이요

사람이 등불을 켜서 말 아래에 두지 아니하고 등경 위에 두나니

이러므로 집 안 모든 사람에게 비치느니라

이같이 너희 빛이 사람 앞에 비치게 하여

그들로 너희 착한 행실을 보고 하늘에 계신 너희 아버지께

영광을 돌리게 하라" 마 5:14-16.

"보라 처녀가 잉태하여 아들을 낳을 것이요

그의 이름은 임마누엘이라 하리라 하셨으니

이를 번역한즉 하나님이 우리와 함께 계시다 함이라" 마 1:23.

우리를 구원하기 위해 찾아오신 하나님은

믿는 자의 마음속에 언제나 함께하신다.

임마누엘의 하나님과 함께하는 사람은

행복하고 즐거운 순간에도, 힘들고 고통스러운 때에도

기쁨과 평안을 누릴 수 있다.

제5원리

성경을 풀어
적용해 주는 일에 능하라

chapter 22

임마누엘의 하나님을 체험케 하라

목적이 있기 때문에 예수님은 이 땅에 오셨다. 이 땅에 오실 때 예수님은 인간의 몸으로 오셨다. 신이신 예수님이 인간의 몸으로 오신 것을 기독교에서는 "성육신"이라 말한다. 이것은 기독교의 소중한 뼈대가 되는 기본 진리이지만 이해시키고 증명해 내는 것이 쉽지가 않다. 그러나 그렇다고 해서 진리가 못 되는 것은 결코 아니다.

'인간의 모습으로 오신 예수님을 어떻게 증명할 수 있을까? 어떻게 하면 잘 설명할 수 있을까?' 하고 고민하고 있을 때, 한 선교사님의 책 속에서 이 고민에 종지부를 찍을 만한 귀한 자료를 발견했다.

힌두교도들을 대상으로 선교하던 어느 선교사님이 있었다. 그는 힌두교도들을 전도하기 위해 몇 달 동안 그들과 인간적인 관계를 잘 맺어 가며 부지런히 기초를 다졌다. 하지만 그렇게 친해졌어도 복음을 전하기만 하면 힌두교도들은 돌변해서 돌을 들어 던지려고 하거나 선교사님을 괴롭히곤 했다. 그 역시 일사각오의 정신으로 사람들과 친분을 다졌는데, '이제는 되겠구나! 때가 임박했다!'는 생각이 들어 복음을 전하기 시작했다.

"하나님이 인간의 몸으로 이 세상에 당신과 나를 위해서 오셨습니다." 이 말이 떨어지기가 무섭게 논리적인 힌두교도 청년이 자리를 박차고 일어나서, "하나님이 구질구질한 인간의 모습으로 이 땅에 오셨다면 그런 구차한 하나님을 나는 믿지 않겠습니다!" 하고 소리를 지르며 나가 버렸다.

복음을 전하던 그에게 청년의 발언은 큰 두려움이 되었다. 왜냐하면 그 청년이 폭도들을 데리고 오는 날이면 이 모든 상황은 정말 "끝"이기 때문이었다. 그는 힌두교도 청년을 위해서 기도하는 것밖에 달리 할 수 있는 일이 없었다.

그가 이렇게 기도하는 중에, 청년은 씩씩거리며 잔뜩 화가 난 얼굴로 집으로 돌아가고 있었다. 밭길을 따라 돌아가고 있는데 건너편에서 농부가 밭을 갈며 청년 쪽으로 오고 있었다. 그때 청년은 자신의 발밑에서 개미 떼가 재미있게 지상천국을 이루며 열심히 살고 있는 것을 보게 되었다. 곧 있으면 농부의 쟁기질이 그곳을 덮칠 텐데 개미들은 이 일을 까맣게 모른 채 그저 한가로이 자신들의 일상에만 몰두하고 있었다. 힌두교 교리 중에 모든 생물들의 생명을 신성시하는 교리가 있기에 청년은 개미 떼를 살려 주면 복을 받을 것이라는 생각을 하게 되었다.

"빨리 피해! 조금 있으면 천지가 개벽할 일이 일어날 거야!"

청년은 개미들을 향해 큰소리치고 발을 동동 굴렀지만 청년의 외치는 소리를 듣지 못하는 개미들은 그냥 먹이를 물고 오고 가며 평화로이 지낼 뿐이었다.

'만약 내가 개미가 된다면 개미들에게 이 소식을 알려줄 텐데'라고 생각한 청년에게 번뜩 섬광처럼 스치고 지나가는 것이 있었다.

'나는 피조물이기 때문에 개미가 될 수 없는데. 아! 하나님은 창조자이시기에 인간의 모습으로 오실 수가 있었구나. 인간으로 오셔야 하는 이유가 여기에 있었구나. 하나님이 아무리 죄 짓지 말고 돌아오라고 하셔도 하나님의 언어를 듣지 못하는 인간은 하나님의 음성을 들을 수 없구나. 그래서 하나님은 독생자이신 예수님을 피조물인 우리와 똑같은 모습으로 이 땅에 보내셨구나. 그렇구나!'

단숨에 청년은 선교사님을 향해 달렸다. 그리고 복음을 진지하게 듣고 예수님을 영접하고 하나님의 사람이 되었다. 결국 나중에 청년은 힌두교도들을 하나님의 품으로 돌아오게 하는 선교사 대열에 합류하였다.

인간의 모습으로 오셔야만 했던 예수님은 오직 우리와 함께
계시기 위해, 그리고 우리를 도우시기 위해 오셨다. 언제나 함
께 계시는 주님, 어디서나 도우시는 주님을 잘 나타내고 있는
시 한 편을 소개한다.

<모래 위에 발자국>

어느 날 밤 꿈을 꾸었네
주와 함께 바닷가를 거니는 꿈을 꾸었네

하늘을 가로질러 빛이 임한 그 바닷가 모래 위에
두 짝의 발자국을 보았네
한 짝은 내 것 또 한 짝은 주님의 것

거기서 내 인생의 장면들을 보았네
마지막 내 발자국이 멈춘 곳에서
내 삶의 길을 돌이켜보았을 때
자주 내 삶의 길에
오직 한 짝의 발자국만 있는 것을 보았네

그때는 내 인생이
가장 비참하고 슬픈 계절이었네

나는 의아해서 주님께 물었네

"주님, 제가 당신을 따르기로 했을 때

주님은 저와 항상 함께 있겠다고 약속하셨지요.

그러나 보십시오.

제가 주님을 가장 필요로 했을 때

그때 거기에는 한 짝의 발자국밖에는 없었습니다.

주님은 저를 떠나 계셨지요?"

주님이 대답하시었네

"나의 귀하고 소중한 아들아,

나는 너를 사랑했고 너를 결코 떠나지 않았단다.

네 시련의 때, 고통의 때에도.

네가 본 한 짝의 발자국,

그것은 내 발자국이니라.

그때 내가 너를 등에 업고 걸었노라."

_오스왈드 샌더스

강명옥's coaching coaching

> "보라 처녀가 잉태하여 아들을 낳을 것이요 그의 이름은 임마누엘이라 하리라 하셨으니 이를 번역한즉 하나님이 우리와 함께 계시다 함이라" 마태복음 1:23

"임마누엘"이라는 말을 들어 보았는가? 하나님이 우리와 함께하신다는 뜻을 가진 단어이다. 예수님은 바로 우리와 함께하시기 위해 찾아오신 하나님이시다. 이는 예수님이 이 세상에 오시기 750년 전에 이미 이사야 선지자를 통해 예언되었다사 7:14, 8:8. 우리의 구원자가 동정녀에게 잉태되어 세상에 오실 것인데 그분은 바로 하나님이시고, 우리와 함께하시기 위해 찾아오실 것이라는 사실을 예언하였다. 왜 하나님이 우리와 함께하실까?

1. 하나님이 우리를 만드셨기 때문이다

우리를 지으신 하나님은 우리가 혼자 살아갈 수 없다는 것을 너무나 잘 아신다. 하나님과 교제를 나누면서 살아가야 평안함을 누릴 수 있도록 지어진 존재라는 것을 아시기에 우리와 함께하시려고 찾아오신 것이다.

2. 하나님이 우리를 사랑하시기 때문이다

얼마나 사랑하셨으면 영광스러운 보좌를 버리시고 낮고 천한 인간의 몸으로 우리를 찾아오셨을까? 그분은 우리를 사랑하시기에 모든 것을 희생하시고 우리 곁에 오셨다.

3. 하나님이 우리를 보호하기를 원하시기 때문이다

하나님은 우리를 돌보아 주시고 모든 원수들로부터 보호하기 위해서 우리와 함께하신다. 세상은 너무나 악해서 하나님의 보호하심이 없이는 살아갈 수가 없다. 우리와 함께하시는 하나님은 우리의 보호자가 되시며 우리를 지켜 주신다.

임마누엘이 누구에게나 기쁜 소식은 아니다. 예수 그리스도를 거부하는 사람들에게는 심판의 소리가 될 것이다. 그러나 자기 자신 때문에 이 땅에 오신 예수님을 영접하는 사람에게는 임마누엘의 축복이 임한다.

이 세상의 모든 종교는 "인간은 반드시 구원을 받아야 한다"라는 사실을 말한다. 그러면서도 구원자를 제시하지 못하고 단지 "네가 고행을 통해서 죄를 씻고 구원을 받으라"고 말하며 인간이 죄인임을 지적하기만 한다. 그러나 하나님은 우리가 스스로 죄를 씻을 수 없다는 것을 아시고 인간을 찾아오셨다. 하나님이 뭐가 아쉬우셔서 죄인 된 인간을 찾아오시겠는가? 이것이 바로 하나님의 사랑이다. 우리를 구원하기 위해 찾아오신 하나님은 믿는 자의 마음속에 언제나 함께하신다.

임마누엘의 하나님과 함께하는 사람은 행복하고 즐거운 순간에도, 힘들고 고통스러운 때에도 기쁨과 평안을 누릴 수 있다.

Quiet Time

1. 당신을 찾아오신 임마누엘의 하나님을 언제 만났는가?

2. 임마누엘의 하나님이 당신의 삶에 어떤 영향을 끼치고 있는가?

3. 임마누엘의 하나님과 함께하는 기쁨을 누리고 있는가?

chapter 23

피 묻은 그리스도의 복음을 깨닫게 하라

예수님의 죽음에 대해 들어 본 적이 있는가?

각양각색의 인간들은 이 모양 저 모양 종국에는 다 죽음을 맞게 된다. 그리고 각양각색의 죽음들에 대한 기억은 시간이 갈수록 점차 희미해지게 마련이다. 그런데 유독 왜 예수님의 죽음에 대해서는 이렇게 오랜 세월 동안 끊임없이 시끄러운 것일까?

예수님은 왜 죽으셨는가? 자살의 경우를 빼고 사람들은 특별한 이유 없이 죽는다. 질병, 사고, 노환으로 그냥 죽게 되어서 죽는다. 그러나 예수님의 죽음은 질병도, 사고도, 노환도 아니었다. 예수님의 죽음에는 분명한 이유가 있었고, 뚜렷한 목적이 있었다. 예수님의 죽음 속에 포함된 그 이유와 그 목적 속에는 소중한 당신이 들어 있다.

예수 그리스도! 그 모르는 아저씨, 그의 죽음이 나와 무슨 상관이 있냐고 펄쩍 뛰고 싶어지는가? 도대체 그 죽음과 내가 어떤 관계가 있기에, 오나가나 "예수! 예수!" 하며 들볶이게 되는지 궁금하지 않은가?

"예수님은 당신 때문에 죽으셨다." 이렇게 말하면 대부분의 사람들은 "누가 죽어 달라고 했어?" 하고 반문한다. 예수님이 나의 죄 때문에 죽으셨다는 사실에 대해 인정하기 싫어한다. "나의 죄" 때문이라는 것도 그렇다. 죄를 운운하니 기분이 슬 슬 나빠지려고 하는데, 한 술 더 떠서 나 때문에 죽으셨다고 하니까 괜히 살인자가 된 기분이 들어 더 찜찜해한다.

안타깝게도 예수님의 죽음에 대해 이해하지 못하는 사람들이 너무 많은데 그들의 이해를 돕기 위해 준비한 이야기가 하나 있다. 두 형제의 이야기인데, 예수님의 죽음 속에 감추어진 당신을 향한 사랑을 잘 보여 주고 있다.

두 형제가 있었는데 형은 무슨 일에든 최선을 다하는 성실표 인간이었다. 동네 사람들에게 정말 착한 사람으로 정평이 나 있을 만큼 칭송이 자자한 반면, 동생은 망나니표 인간이었다. 그런 동생이 사람들에게 환영받을 리 없었다. 동생은 인정받지 못한 동네, 인정받지 못한 집에서 살기 싫다며 집을 뛰쳐나가 오랫동안 방탕한 삶을 살았다.

그러던 어느 날 동생이 온통 피로 얼룩진 남루한 옷을 입은 채 형을 찾아왔다.

"형! 제발 나 좀 살려 줘! 나, 지금 사람을 죽였는데 경찰이 쫓아오고 있어. 형, 나 좀 숨겨 줘! 응? 형!"

동생을 너무나 사랑한 형은 그를 살려야겠다는 오직 한 가지 생각밖에는 없었다. 그래서 형은 "빨리 옷 벗어라! 어서……!" 하고 소리치며 자신도 옷을 벗었다. 그러고는 동생에게는 자신의 옷을 입히고 동생의 피범벅 된 남루한 옷은 자신이 입었다. 옷을 바꿔 입은 순간, 경찰이 들이닥쳤다. 동생 대신 형이 경찰에게 잡혀 갔고, 형은 살인자의 누명을 뒤집어쓰고 감옥에 갇혀 있다가 결국 사형장의 이슬로 사라졌다.

그 사실을 뒤늦게 알게 된 동생은 자신의 잘못을 다 담당하고 대신 죄의 값을 치른 형의 큰 사랑 앞에 오열하며 통곡했다. 자기를 사랑하되 자기의 생명을 주기까지 사랑한 형을 생각하면서 살인자인 자신의 삶을 사는 것이 아니라 자기를 대신하여 죽어 준 착한 형의 삶으로 다시 태어나 살기를 다짐하며, 남은 평생을 사죄하는 보은의 마음으로 살았다.

여기서 착한 형은 당신과 나의 맏형이 되시는 바로 그 예수님이시다. 당신의 형님이신 예수님이 당신의 죄를 몽땅 뒤집어 쓰시고 당신의 남루한 죄 누더기의 옷을 대신 입으셨다. 가장 큰 형벌을 받지 않고는 당신의 죄를 감당할 수 없었기에 가장 큰 형벌의 대명사인 십자가의 죽음을 맞이하셨다. 이런 사실 때문에 당신이 예수님을 진정으로 받아들일 때까지 이 죽음의 소식은 당신의 주변에서 당신의 귀를 끊임없이 괴롭힐 것이다.

아우가 형님의 죽음으로 인해 새로운 옷을 입고 새 인생을 살아가듯이 당신도 예수님의 옷을 입은 새사람으로서 새로운 인생을 살아야 한다.

당신의 모든 삶의 터전에서 예수 형님의 죽음의 향기를 대신 드러내는 그리스도의 대사가 되어야 한다.

"그러므로 우리가 그리스도를 대신하여 사신이 되어 하나
님이 우리를 통하여 너희를 권면하시는 것 같이 그리스도
를 대신하여 간청하노니 너희는 하나님과 화목하라 하나
님이 죄를 알지도 못하신 이를 우리를 대신하여 죄로 삼
으신 것은 우리로 하여금 그 안에서 하나님의 의가 되게
하려 하심이라" 고린도후서 5:20-21

누군가 자신을 대신해서 죽어 주었다면 생명의 은인인 그를
죽는 순간까지 잊지 못할 것이다. 바울은 하나님의 마음을 대
신해서 우리에게 중요한 진리를 전해 주고 있다.

그것은 바로 우리를 위해서 예수님이 대신 죽어 주셨다는 사
실이다. 예수님의 죽음이 하나님과 우리 사이를 어떻게 도와준
다는 것일까?

1. 하나님과 화목된 관계를 만들어 주었다. 인간은 하나님에 대해
서 반역자이다

아담의 범죄 이후 인간의 본성은 하나님의 뜻을 거역했고,
그 결과 하나님과의 관계는 단절되었다. 하나님과 교제를 나누
며 하나님의 인자한 품에서 살았던 이상형의 인간은 무서운 범
죄로 인해 진노와 징계를 직면할 수밖에 없는 운명에 놓이게

된 것이다. 예수 그리스도의 오심은 이처럼 하나님과 인간 사이를 가로막고 있던 장애물들을 모두 제거해 주었다. 예수 그리스도의 십자가는 장애물넘기의 완주 현장이 되는 것이다.

2. 우리의 모든 죄를 대신 감당해 주었다

대속 제물로 오신 예수 그리스도께서는 죄 없이 인간의 몸을 입으시고 죄 많은 인간들 가운데서 고독한 죄인처럼 사셨다. 그 목적은 인간과 하나님을 화해시키기 위함이었다. 대속 제물이 되기 위해 죄 덩어리가 되신 예수님은 "죄를 알지도 못하는 분"이시다. 하나님은 이런 예수님을 우리를 위하여 죄의 대표자가 되게 하셔서 우리의 모든 죄를 다 사해 주시고 의롭게 해 주셨다.

3. 우리에게 구원의 길을 열어 주었다

예수께서 인류의 죄를 짊어지시고 죄의 권세를 이기셨기 때문에 하나님과 인간 사이에 가로놓였던 죄의 장애물이 사라졌다. 예수님 때문에 구원의 통로가 뚫렸다.

하나님은 우리를 위해서 죄를 알지도 못하시는 예수님을 세워 놓고 우리의 모든 죄를 뒤집어씌우셔서 죄 덩어리가 되게 하신 후에 최고의 형인 십자가에서 죽게 하셨다.

마치 죄 없는 형이 아우의 피범벅 된 살인자의 옷을 입은 것처럼 예수님은 우리의 모든 죄의 누더기를 입으시고 하나님의 진노를 받으시고 죽으셨다. 예수님이 나를 위해 죽어 주셨다는 사실을 믿음으로 받아들이기만 한다면 하나님은 우리의 모든 죄를 묻지 않으시고 자녀로 삼아 주시고, 영원한 생명을 누리게 하겠다고 약속하셨다.

Quiet Time

1. 예수님이 당신의 죄를 대신해 십자가에서 죽으셨다는 사실에 대해 어떤 생각이 드는가?

2. 예수님이 당신을 위해 십자가에서 죽으신 사실을 믿는가?

3. 죄 용서함을 받은 당신이 이제 할 일은 무엇이라고 생각하는가?

chapter 24

십자가에 달리신 주를 바라보게 하라

"공짜라면 양잿물도 마신다"라는 말이 있다. 그러나 대부분의 현대인들은 대가를 지불하지 않고 무엇을 받으면 불안해한다. 그것이 희귀하고 고가일수록 더욱 그렇다. 대가를 지불하지 않으면 온전히 자신의 소유가 되지 못한다고 여기며 미덥지 않아 한다. 그냥 은혜로 예수님을 믿기만 하면 천국을 선물로 받는다는 것을 도무지 말이 안 되는 사기극(?)으로 생각한다. 차라리 "교회를 열심히 다녀야 한다. 착한 일을 많이 해야 한다. 헌금을 많이 해야 한다" 하는 조건이 주어진다면 믿겠다고 말한다.

이러한 생각을 하게 되는 것은 우리의 마음과 생각 속에 깊이 뿌리박혀 있는 샤머니즘적인 사상shamanism 때문이다. 달신, 해신, 나무신, 용왕신 등 어디엔가 공을 들여서 빌고 또 빌어야 뭔가를 얻을 수 있다거나, 혹은 부처에게 천 배를 올려야 소원을 성취할 수 있다는 인습적인 생각들 때문이다. 그러므로 "예수를 믿기만 하면 천국을 누릴 수 있다"라는 대가 없는 공짜 선물을 단순한 진리로 받아들이기를 어려워하고 오히려 거부하는 것이다. 예수님을 믿고도 자신이 뭔가를 해야만 처음 믿을 때 하나님과 맺은 계약서의 그 천국을 얻게 되고, 영원한 생명도 받게 될 것이라고 생각하는 사람들도 교회 안에 꽤 많다. 이처럼 많은 사람들이 "그냥, 공짜로 모두 주셨다"라는 것을 이해하지 못한다.

만약 당신이 아주 비싸게 여기는 물건을 거의 공짜 수준으로, 터무니없이 아주 싼 값에 파는 가게를 발견했다면 당신은 어떻게 생각하겠는가? '무슨 속임수가 있는 것 아니야? 혹시 가짜 아니야?' 하고 의심할 것이다. 천국이 너무 좋고, 귀하고, 모두 가고 싶어하는 곳이라 여기는 것은 틀림없다. 그러나 이렇게 좋고 귀한 곳에 가려면 뭔가 대가를 지불해야지 그냥 공짜로 간다는 것은 말도 되지 않는다고 생각한다.

하나님은 당신의 천국을 위해서 모든 것을 아낌없이 준비해 두시고 당신에게 허락하셨다. 당신을 위해 준비해 두신 것들을 그냥 받아들이기만 하면 된다. 받아들이기만 하면 되는 그 자체에 영원한 생명이 보장되어 있다.

외딴 시골길을 달리고 있던 버스 운전기사가 큰 봇짐을 머리에 이고 힘겹게 걷고 있는 할머니를 발견하고는 차를 세웠다. 그러고는 "할머니, 힘드시죠? 공짜로 태워 드릴게요. 타세요!" 하고 말했다. 그런데 버스에 오른 할머니는 좌석에 앉지도 않고 머리에 봇짐을 인 채로 계속 서 있었다. 이상하게 생각한 버스 기사가 "할머니, 왜 계속 짐을 이고 서서 가세요?"라고 묻자, 할머니는 "나를 공짜로 태워 준 것만도 고마워 어찌할 바를 모르겠는데, 어떻게 자리에 앉아서 짐까지 내려 놓겠소"라고 대답했다.

이 할머니를 보니 어떤 생각이 드는가? 공짜로 버스를 태워 준 기사는 공짜로 버스에 탄 할머니가 무거운 짐을 내려놓고 편안히 의자에 앉아서 가기를 바랄 것이다.

성경에 보면 "모세가 광야에서 뱀을 든 것 같이 인자도 들려야 하리니"요 3:14라는 말씀이 있다. 예수님이 직접 말씀하신 이 비유 속에서 "장대 끝의 놋뱀 = 십자가상의 예수님"이라는 등식이 무슨 메시지를 성립하는지 한번 생각해 보자.

이스라엘 백성들은 430년 동안 애굽(이집트)에서 노예살이를 했다. 구원해 달라는 아우성에 하나님은 그들을 불쌍히 여기셨고 애굽에서 탈출시켜 주셨지만, 이스라엘 백성들은 금세 해방의 감격을 잊어버리고 조금만 어려운 일을 만나도 툴툴거리며 불평하기 시작했다.

결국 하나님은 4일이면 가는 길을 40년 동안 가도록 훈련을 계획하셨다. 거친 광야에서 하나님이 만나와 메추라기로 먹이시고 반석의 물로 마시게 하는 기적을 보여 주셨지만, 아랑곳하지 않고 끊임없이 이어지는 이스라엘 백성들의 불평에 하나님은 불뱀을 풀어 놓으셨다. 불뱀에 물려 죽어 가는 백성들을 보자 지도자 모세는 울부짖었다.

하나님은 울부짖는 모세에게 처방전을 주셨는데 놋뱀을 장대 끝에 매달게 하고 그것을 쳐다보는 사람은 죽지 않을 것이라고 하셨다. 모세가 놋뱀을 장대 끝에 매달았을 때 그대로 믿고 쳐다본 사람들은 살았다. 하지만 애굽에서 조금 배웠답시고 논리, 합리, 이성 등을 운운하며 '해독제를 먹든지 바르든지 해야지, 어떻게 놋뱀을 쳐다만 본다고 살 수가 있겠어?' 하고 판단하여 놋뱀을 쳐다보지 않았던 사람들은 모두 죽었다.

그대로 믿기만 한 사람들은 살았고, 이러쿵저러쿵 자기 이론이 많아 그대로 믿지 못한 사람은 죽었다.

간단한 이야기이다. 믿으면 살고, 믿지 않으면 죽는다. 믿으면 천국, 믿지 않으면 지옥이다. 만약 하나님이 우리를 설득하려 하셨다면 이렇게 말씀하셨을 것이다.

"너희가 앉아 있는 자리에 이상한 풀이 돋아날 것이다. 그 풀을 먹고 풀을 꼭꼭 찍어서 발라라. 그러면 해독이 될 것이다." 이처럼 먹는 수고와 바르는 수고 정도라도 조금은 수고가 있는 선택이 제시되었다면 합리적이고 논리적이라 생각하며 순종함으로써 살아난 사람들이 많았을 것이다.

하지만 하나님은 합리적이고도 이성적인 방법을 사용하지 않으시고, "앉은 자리에서 그냥 놋뱀을 바라보면 산다"라는 비논리적이고도 비이성적인 방법을 사용하셨다. 아무것도 할 일이 없고 보기만 하면 산다는 이 엄청나게 쉬운 일 앞에서 "그래도 할 일이 있어야지 무슨 소리냐!" 하며 고집 피우던 사람들은 믿지 않아서 죽었던 것이다.

하나님은 당신에게 순종을 명하고 계신다. 불순종했던 아담으로부터 물려받은 더럽고 추한 거역의 마음을 순종하는 마음으로 바꾸는 것이 바로 믿음임을 설명하고 계신다. 장대 끝에 매달린 놋뱀을 보는 순종의 마음을 가지고 십자가에 매달리신 예수님을 바라보라. 대가를 지불하게 되면 예수님의 공로보다는 자신의 공로로 천국을 얻었다고 공치사하기 쉽다.

하나님이 원하시는 것은 대가 있는 설득이 아니라 순종이다. 믿기만 하면 공짜로 얻는 구원을 풍성히 누리고 흔들림 없이 더 잘 믿는 것이 하나님의 뜻이다.

"아들을 믿는 자에게는 영생이 있고 아들에게 순종하지 아니하는 자는 영생을 보지 못하고 도리어 하나님의 진노가 그 위에 머물러 있느니라" 요한복음 3:36

"일하는 자에게는 그 삯이 은혜로 여겨지지 아니하고 보수로 여겨지거니와 일을 아니할지라도 경건하지 아니한 자를 의롭다 하시는 이를 믿는 자에게는 그의 믿음을 의로 여기시나니 일한 것이 없이 하나님께 의로 여기심을 받는 사람의 복에 대하여 다윗이 말한 바 불법이 사함을 받고 죄가 가리어짐을 받는 사람들은 복이 있고 주께서 그 죄를 인정하지 아니하실 사람은 복이 있도다 함과 같으니라" 로마서 4:4-8

인간이 구원을 얻는 데 아무것도 할 일이 없다는 것에 사람들은 발끈한다. 어떻게 그 엄청난 구원을 받으면서 아무것도 할 일이 없고 그냥 앉은 자리에서 믿기만 하면 된다는 것일까? 인간 본성으로는 이해할 수 없는 것이 복음이다. 복음이란 기쁜 소식이다. 왜 기쁜 소식인가?

1. 범법자인데 용서함을 받았다는 것이 복음이기 때문이다

불법은 문자 그대로 법을 어기는 것이다. 하나님의 율법을 지키지 않는 것은 가장 큰 죄악이다. 사형 선고를 받은 죄수가 특별 사면을 받고 풀려나는 것을 생각해 보라. 이 죄수에게 가장 큰 행복은 돈이나 명예나 권세가 아닐 것이다. 죄에서 사함을 받아 풀려나서 자유인이 되는 바로 그것이다.

2. 지은 죄를 가려 주시고 덮어 주시는 것이 복음이기 때문이다

죄를 사해 주시고 가려 주신다는 것은 죄를 없애 준다는 의미가 아니다. 가려 주신다는 것은 이미 가려 줄 죄가 있다는 것과 또 하나님이 그 죄를 다 알고 계신다는 것을 전제한다. 하나님은 자신이 차마 보실 수 없는 죄를 그 아들 예수 그리스도의 피로 가려 주시고 용서해 주시기로 작정하신 것이다. 하나님이 죄를 가려 주신다는 말은 더러운 악취가 나지만 그리스도의 피로 가려 주시고, 다시는 기억치도 않으시고 들춰내지도 않으시겠다는 뜻이다. 이처럼 죄인에게 입혀지는 축복의 옷이 바로 복음이다.

3. 죄가 있음에도 불구하고 죄인으로 판정받지 않는 것이 복음이기 때문이다

주께서 죄를 인정치 않는 자가 복이 있다고 했는데, 이 말씀은 재판장 되신 하나님이 우리의 죄를 낱낱이 들추는 악한 마귀 앞에서도 "무죄!"라고 판결 내리셨다는 것이다. 참으로 복된 소식, 복음이다.

죄를 많이 지었는데도 불구하고 경건한 사람으로 인정해 주신다는 말에 화가 나고 거부감이 든다면 그것은 "나는 죄와는 전혀 상관이 없다"라는 교만이 내면에 도사리고 있기 때문일 것이다. 죄와 전혀 무관한 자는 이 세상에 단 한 명도 없다롬 3:10. 성경은 우리가 불법을 행했음에도 불구하고 하나님이 그 죄를 사해 주시고 가려 주신다고 말씀하고 있다.

어떤 사람에게 이런 일이 일어나는가? 예수님이 자신의 모든 죄를 십자가에서 처리해 주셨다는 사실을 믿고 장대 끝의 놋뱀을 바라보듯 십자가를 바라보는 사람이다. 나 때문에 달리셨다는 사실을 받아들이기만 하면 예수님의 의는 내 것이 된다.

Quiet Time

1. 당신은 구원을 얻기 위해서는 무엇인가 노력해야 한다고 생각하는 사람은 아닌가?

2. 당신은 장대 끝에 매달린 놋뱀을 바라보듯 십자가에 못 박히신 예수를 바라보고 있는가?

3. 당신은 공짜로 얻은 구원이 얼마나 소중하고 값진 것이라고 생각하는가?

chapter 25

부활의 소망을 꿈꾸며 살게 하라

예수님이 부활하신 것이 우리와 무슨 관계가 있는 것일까? 부활은 사전적 의미로 살펴본다면 "죽었다가 다시 살아나는 것"이다. 예수님이 부활하셨다는 것은 예수님이 먼저 죽으셨다가 나중에 살아나셨다는 말이다. 예수님이 왜 죽으셨는지 그 죽음의 의미는 이미 앞에서 말한바 있다.

　예수님의 죽음을 이해해야 예수님의 부활도 믿을 수 있다. 그러면 예수님은 왜 죽으시고 부활하셨을까? 첫째, 우리를 의롭다 하시기 위해서 부활하셨다. 의롭다 함이란 죄를 짓지 않았기에, 전혀 죄가 없어서 의로운 것이 아니라, 우리에게 죄가 있지만 그 죄의 값을 완벽하게 청산해 주신 십자가상의 예수님을 통하여 바라보기 때문에 "죄 없음!"이라고 선포하는 일 방적 선언을 말하는 것이다.

둘째, 우리도 죽음 이후에 예수님처럼 다시 부활할 것을 예로 보여 주시기 위해 부활하셨다. 이 부분은 이해하기 어려운 신비스러운 영적 비밀에 속하는 것이다. 예수님이 부활하신 것처럼 우리도 부활할 수 있다는 소망을 갖는다면 신앙생활을 하면서 삶에 활기가 넘치고 신바람이 날 것이다.

어느 날 애벌레 이야기라는 책을 읽으면서 '부활이란 바로 이런 것이겠구나!' 하며 감탄한 적이 있다. 부활을 더욱 잘 이해하도록, 또 부활의 소망을 새록새록 갖게 하고자 애벌레 이야기를 소개하겠다.

애벌레들이 물 밑에서 알콩달콩 재미나게 살고 있었다. 그들은 서로 무리를 지어서 우물우물 기어 다니며 살았다. 그렇게 평온하게 지내며 살고 있는데, 어느 순간부터 이상한 현상이 나타나기 시작했다. 자꾸만 몸이 가렵고 꿈틀꿈틀하게 되는 것이었다. 이상하게 꿈틀꿈틀거리며 "어~ 어~, 자꾸만 이상해져. 어~ 어~!" 하던 형 애벌레와 누나 애벌레들이 꽃대롱을 타고 위로 난 조그마한 구멍으로 뚜루루룩 뚜루루룩 올라가 버렸다.

"이상하네. 한번 올라가면 왜 다시는 내려오지 않는 거지?"

자꾸만 식구 수가 줄어드는 애벌레 집에서는 대책 회의가 열렸다.

"자, 우리 이제부터 누구라도 나가기만 하면 반드시 돌아와서 바깥세상이 어떤지 알려주기로 하자. 여태껏 나가서 돌아오지 않는 형과 누나들처럼 의리 없이 지내지 말고 꼭 돌아와 약속을 지키자."

애벌레들은 "그래, 그래!" 하면서 새끼손가락 걸고 다짐했다.

"그럼, 그렇고 말고. 의리를 지켜야지!" 하고 다짐을 하던 한 애벌레의 몸이 이상해지기 시작했다. 친구들은 그에게 다시 한 번 약속을 받아 냈다.

"야, 애돌아! 너는 꼭 돌아와서 물 위의 세상이 어떤지 우리에게 꼭 알려줘야 해. 알았지?"

"응, 그럴게!" 철석같이 약속을 하고 난 애돌이는 꿈틀꿈틀 우물우물 휘리릭 하면서 올라갔다.

허물을 벗고 나간 애돌이는 여태껏 보지 못했던 장관을 보게 되었다. 바로 따뜻한 햇볕과 아름다운 자연을 본 것이다.

"우와, 이런 세상이 다 있었네? 천국이 여기인가 봐!"

이곳저곳을 훨훨 날아다니던 애돌이는 갑자기 친구들이 생각났다.

"이렇게 아름다운 세상이 있다고 친구들에게 알려줘야지!"

애돌이는 의리를 지키기 위해서 물 밑으로 내려가려 하는데 아무리 용을 써도 좀처럼 내려갈 수가 없었다. 그 순간 애돌이는 깨달았다!

"아, 그렇구나. 우리 애벌레 식구들은 허물을 벗으면 다시는 물 밑으로 내려갈 수가 없구나. 그래서 형과 누나들, 그리고 다른 친구들도 돌아올 수 없었던 것이구나."

애돌이는 친구들도 허물을 벗고 이 세상으로 나오면 자기의 마음을 알 수 있으리라 생각하며 아름다운 나비의 생을 멋지게 누리며 살았다.

부활의 몸은 이런 것이다. 애벌레처럼 살았지만 허물을 벗으면 상상할 수도 없는 몸이 되는 것이다. 예수님의 부활로 우리는 새로운 몸이 된다는 것이다.

요즘 성형수술이 전염병처럼 돌고 있어 너 나 할 것 없이 병원을 찾는 바람에 성형외과는 늘 대목을 맞고 있다. "내 눈이 조금만 크고, 내 콧날이 조금만 뾰족했더라면 세상은 달라졌을 텐데, 내 키가 3센티만 더 크면 더 바랄 것이 없는데" 하고 안타까워한다.

그러나 부활의 소망을 가지고 사는 애벌레 그리스도인들에게 성형수술은 절대사절이다. 부활 시엔 상상할 수도 없는 가장 멋진 모습으로 변하기 때문이다. 부활이 이루어질 그 순간을 소망하며 천상에서의 화려한 변신을 기대해 보자.

강명옥's coaching coaching

"예수는 우리가 범죄한 것 때문에 내줌이 되고 또한 우리
를 의롭다 하시기 위하여 살아나셨느니라" 로마서 4:25

"죽은 자의 부활도 그와 같으니 썩을 것으로 심고 썩지 아
니할 것으로 다시 살아나며 욕된 것으로 심고 영광스러운
것으로 다시 살아나며 약한 것으로 심고 강한 것으로 다
시 살아나며 육의 몸으로 심고 신령한 몸으로 다시 살아
나나니 육의 몸이 있은즉 또 영의 몸도 있느니라" 고린도전
서 15:42-44

예수님의 부활은 곧 믿는 성도들의 부활을 예표로 보여 주
는 것이다. 예수님이 부활하신 것처럼 우리도 예수 안에서 다
시 살아난다. 부활이라는 말을 들을 때 우리는 다시 육신의 모
습으로 살아나는 것으로 생각하기가 쉽다. 원래의 육신 그대
로 다시 살아난다는 것은 곧 죽음을 전제한 불완전한 부활일
것이다. 성경에서 말하는 부활은 완전한 모습의 부활을 의미
한다. 비록 육신은 호흡이 끊어져 땅에 묻혀서 썩어 없어지나
썩지 아니할 것으로 다시 살아나는 것이다.

"죽은 자들이 어떻게 다시 살며 어떠한 몸으로 오느냐?"라는
질문에 대한 바울의 답변을 고린도 교인들에게 보낸 편지 속에

서 찾아보자. 바울은 인간의 삶이 이 땅에서의 생활로 끝나는 것이 아니며, 성도는 부활이라는 사건을 통해 또 다른 삶을 누릴 것이라고 설명했다. 비유로 말해서, 땅에 뿌려진 씨가 우리의 눈에 보기에는 썩어서 없어지는 것처럼 보이지만 실제로는 새로운 식물로 자라는 것처럼, 성도의 죽음도 끝이 아니라 새로운 몸으로 부활한다는 것이다. 우리는 어떤 부활의 새 몸을 입을 것인가?

1. 썩을 몸을 심고 썩지 아니할 신령한 몸으로 다시 살게 된다

사람은 흙으로 지음을 받았기 때문에 죽으면 그 육체가 다시 흙으로 돌아가 썩게 된다고 하나님이 창세기 3장 19절에서 말씀하셨다. 그러나 주를 믿는 성도들은 주님이 오실 때에 썩지 아니할 변화된 몸으로 살아난다. 그것은 땅에 뿌려진 씨가 땅 속에서 썩은 후에 다시 새로운 식물로 태어나는 것과 같다. 육의 몸을 심고 신령한 몸으로 살게 되는 것이다. 우리가 부활의 몸을 입을 때는 사망 권세에서 해방되어 썩지 아니할 신령한 새 몸으로 영원히 살 것이다.

2. 욕된 것으로 심고 영광스러운 것으로 다시 살게 된다

우리는 이 세상에 살면서 수많은 죄들을 범하며 욕된 것들을 심는다. 그러나 성도가 부활할 때 이 욕된 몸은 영광스러운 몸으로 변화된다. 그때에는 장가가는 것도 없고 시집가는 것도 없는, 하늘에 있는 천사들과 같이 변할 것이다 마 22:30. 변화산에서 영광스럽게 변한 예수님처럼 우리의 몸도 변한다.

3. 약한 것으로 심고 강한 것으로 다시 살게 된다

인간의 육체는 너무나 연약하여 조금만 기온이 달라져도 바이러스로 인해 감기에 걸린다. 인간은 의지도 약하고 유혹에도 쉽게 넘어진다. 이러한 약한 몸이 부활할 때는 강력한 몸을 입고 다시 살게 된다.

우리가 부활한다는 것은 유한한 몸이 영원의 옷을 입어 죄악된 세상에서 벗어나는 것을 말한다. 약한 것이 강한 것으로, 미련한 것이 지혜로운 것으로, 우리의 상식을 뛰어넘는 아름다운 모습으로 새로운 세계에 들어가는 것이다. 예수님의 부활은 바로 그분을 믿는 자들에게 일어날 사건을 보여 준다. 그러므로 예수를 믿는 우리는 "예수 부활! 나의 부활! 예수 생명! 나의 생명!"이라고 외칠 수 있다.

Quiet Time

1. 예수님의 부활이 곧 당신의 부활임을 믿음으로 받아들이는가?
2. 당신은 지금의 모습이 아닌 부활의 새 몸을 입게 될 그날에 대해 어떤 기대를 하고 있는가?
3. 당신 안에 아직도 부활에 대해서 믿지 못하게 만드는 것들은 어떤 것이 있는가?

chapter 26

다시 오실 주님을 기다리며 살게 하라

예수님이 "왜 나 때문에 오셨는가, 왜 나 때문에 죽으셨는가, 왜 나 때문에 십자가에 매달리셨는가, 왜 나 때문에 살아나셨는가?"를 살펴보았다. 이제는 예수님이 "왜 나 때문에 다시 오시는가?", 즉 재림이 우리와 무슨 관계가 있는가를 살펴보겠다.

재림 문제에 관한 많은 사람들의 궁금증에는 대략 다음과 같은 것들이 포함된다. "세계 각국에 있는 예수 믿는 사람들을 어떻게 아시고 일일이 동시에 불러 모으실까?", "혹 나랑 꼭 닮은 비그리스도인이 있어 헷갈리셔서 실수로 나를 빠뜨리지는 않으실까?", "도대체 그때 우리는 어떤 모습이 되는 걸까?" 성경 말씀과 목회자들의 가르침을 통해 재림에 대해 배우지만 이러한 호기심은 우리를 그냥 두지 않는다.

나에게도 이 부분을 어떻게 설명해야 할까 하는 고민이 늘 있었다.

어느 날 길을 걷다가 초등학교 아이들이 흙과 철가루를 섞어 놓고 실험하며 놀고 있는 것을 보았다. 아이들이 너무나 재미있게 놀고 있어서 넋을 놓고 구경하다가 이 재림의 문제를 풀 수 있는 지혜를 얻게 되었다. 처음에 흙과 철가루를 섞어 놓으니까 전혀 구분되지 않았다. 종이 위에 올려놓아도 아무런 반응이 없었다. 그런데 자석을 갖다 대니까 철가루만 쏙 빨려 올라오는 것이었다. 다른 아이가 큰 자석을 갖다 대니 그 주위에 있는 모든 철가루가 세차게 빨려 올라왔다.

그 모습을 지켜본 순간 '아! 이거구나. 예수님이 오시지 않았을 때는 흙과 철가루를 구별할 수 없지만 자석 같은 예수님이 오시는 순간에는 예수님의 생명이 있는 사람만이 예수님께로 쭉 빨려 올라가겠구나.'라는 생각이 들면서, 동시에 각국의 많은 그리스도인들을 동시다발적으로 불러 모으시는 것에 대한 의문점이 해결되었다.

재미있는 이야기를 들은 적이 있다. 어느 항공사에서는 조종사를 자주 바꾼다고 한다. 항상 조종사들의 종교를 점검하여 한 사람이 예수를 믿으면 한 사람은 믿지 않는 사람으로 채운다고 한다. 그 이유는 휴거 때문이었다. 예수님의 재림을 철석같이 믿는 경영주가 어느 날 갑자기 휴거가 일어나서 조종사

두 명이 다 휴거되어 올라가면 항공기가 추락할까 봐 대책을 마련한 것이었다.

우리가 재림의 신앙을 마음속에 간직하고 생활한다면 천지 개벽의 삶, 개과천선의 삶이 일어날 것이다. 재림의 약속을 성경 속에서 받고도 '설마 다시 오실려구! 하나님, 농담 그만 하세요!' 하고 있지는 않은가? 그런 어리석은 생각을 갖게 되면 슬그머니 사악한 각본의 이 일, 간교한 연출의 저 일을 저질러 놓고 즐기기 쉽다. "설마가 사람 잡는다"라는 옛말을 다시 기억해 보라. 예수님 재림 때 주님과 함께 새로운 모습으로 변화되어 주님 앞에 선다는 것을 인식하며 사는 사람들은 삶의 방향, 삶의 가치관, 사고방식에 분명한 전환점을 지닌 채 살아간다.

대학 다닐 때 일이다. 한 달에 한 번씩 고아원을 방문하며 봉사활동을 했다. 고아원에 갈 때마다 유난히 내게 딱 달라붙어서 떨어지지 않으려고 하는 5살짜리 여자아이가 있었다. 미선이란 이름의 이 아이는 내가 가기만 하면 다리를 꼭 붙들고 떨어지지 않으려 하고 다른 친구들이 내게 가까이만 와도 그 친구들을 가만 놔두지 않았다.

미선이는 독점력이 굉장히 강할 뿐만 아니라 욕심도 많았는데, 심지어는 예쁜 옷을 가져 가서 "입고 있는 옷을 벗으면 이 예쁜 옷을 입혀 줄게"라고 해도 절대 벗지 않고 자신이 입은 옷 위에 껴입겠다고 떼를 쓰기도 했다. 자신이 가지고 있는 장난감도 결코 남에게 주지 않았다. 이 아이를 지켜보면서 '이 상한 마음을 어떻게 풀어 주고 변화시켜야 하나.' 하는 고민을 안고 집으로 돌아오곤 했다.

그런데 한 달 뒤에 가 보니 아이가 변해 있었다. 갑자기 여유로워진 미선이의 모습을 보면서 내 눈을 의심했다. 자신이 갖고 있던 장난감도 나눠 주고 입은 옷을 벗으면 새 옷을 입혀 주겠다고 하니 말없이 옷을 벗었다.

그 모습이 너무나 놀라워 그 아이의 선생님께 이유를 물었다.

"일주일 전에 미선이 부모님이 다녀가셨어요. 미선이가 태어나고 얼마 되지 않아 형편이 어려워져 부부가 함께 살 수 없어서 이 아이를 고아원에 맡겼었거든요. 부모님이 미선이가 잘 지내는지 확인하고, 일주일 후에 데리고 가겠다고 아이하고 약속하고 돌아가셨어요."

부모님이 와서 미선이를 쓰다듬어 주고 껴안아 주면서 "서류가 정리되면 곧바로 데리고 갈게"라고 한 약속 한마디에 태도가 180도 변화된 것이었다. 다른 아이들에게 "우리 엄마 온다! 우리 아빠 온다!" 하면서 장난감도 주고 옷도 나눠 주고 있었다. 엄마, 아빠가 오면 이 모든 것들이 소용없다는 것을 미선이는 알고 있었던 것이다. 더 좋은 것으로 채워질 것을 알았던 것이다.

초대교회 성도들이 그랬다. 엄청난 고난과 핍박과 환란을 겪었지만 예수님이 다시 오실 것을 생각하고 "마라나타!"(주 예수여, 어서 오시옵소서)라고 고백하며 순간순간 여유를 잃지 않고 살았고, "우리 아버지와 우리 형님이 다시 찾아오실 거야!"라는 기대가 넘쳤기 때문에 사자에게 뜯겨 죽으면서도 "할렐루야!"를 외치며 찬양할 수 있었던 것이다. "예수님이 오시면 나의 모든 서러운 눈물과 고통을 모두 씻어 주실 거야"라는 소망의 믿음이 있으면 분노, 시기, 질투를 버리고 서로를 높여 주고 아름다운 주님의 모습을 따라서 살며 그분을 기다릴 수 있다.

예수님이 다시 오신다는 사실은 그리스도인에게 있어서 큰 소망이 되고 보다 여유 있는 삶을 살게 하는 에너지가 된다.

"예수께서 우리를 위하여 죽으사 우리로 하여금 깨어 있
든지 자든지 자기와 함께 살게 하려 하셨느니라 그러므로
피차 권면하고 서로 덕을 세우기를 너희가 하는 것 같이
하라 형제들아 우리가 너희에게 구하노니 너희 가운데서
수고하고 주 안에서 너희를 다스리며 권하는 자들을 너희
가 알고 그들의 역사로 말미암아 사랑 안에서 가장 귀히
여기며 너희끼리 화목하라" 데살로니가전서 5:10-13

"이르되 갈릴리 사람들아 어찌하여 서서 하늘을 쳐다보느
냐 너희 가운데서 하늘로 올려지신 이 예수는 하늘로 가
심을 본 그대로 오시리라 하였느니라" 사도행전 1:11

IMF 이후 나는 하늘을 자주 바라보았다. 사업의 부도와 실
직으로 인해서 고통당하는 성도들을 만나고 돌아오는 길에는
하늘을 더욱 새로운 마음으로 바라보았다. 주르륵 흐르는 눈물
과 함께 "주님! 이제 그만 오세요!" 외마디 탄식을 쏟아내며,
초대교회 성도들이 그렇게 주님을 애타게 기다렸을 것이라고
생각해 보았다.

성경은 예수님이 제자들이 보는 가운데 하늘로 올라가신 것
처럼 다시 오실 것이라고 말씀하고 있다. 부활하신 예수님은

40일 동안 지상에 계시면서 동요하는 제자들의 신앙을 붙들어 주시고, 성령의 권능을 받아 땅 끝까지 증인이 되라고 대 사명을 주시고, 다시 오신다는 약속과 함께 하늘로 올라가셨다. 예수님이 구름을 타고 승천하시는 모습을 지켜보던 제자들에게 두 천사가 나타나 "어찌하여 서서 하늘을 쳐다보느냐"고 했다. 슬픔과 동경과 황홀한 경이가 뒤섞인 눈으로 빈 하늘을 쳐다보고 있을 때 올라가신 그대로 다시 오실 것이라고 말해 주었다. 그러므로 예수님은 지금 천국에서 재림을 준비하고 계신다.

1. 하늘에서 하셔야 할 준비가 있다

"너희 가운데서 하늘로 올려지신 이 예수는 하늘로 가심을 본 그대로 오시리라 하였느니라"는 사도행전 1장 11절의 말씀은 예수 그리스도의 재림을 전제한 것이다. 승천은 재림을 준비하는 기간이라는 뜻을 내포하고 있다. 주님은 승천하셔서 구속받은 성도들을 영접할 준비를 하시겠다고 요한복음 14장 2, 3절에서 분명히 밝히셨다. 이제 그 준비가 끝나면 거룩한 성도들을 데리러 이 땅에 다시 오실 것이다.

2. 땅에서 해야 할 준비가 있다

승천하신 예수님이 재림을 준비하시는 동안 세상에서는 성도들이 해야 할 일이 있다. 그것은 예수님이 분부하신 대로 성령의 충만을 받고 권능을 받아 땅 끝까지 복음을 전파하는 일이다. 복음이 땅 끝까지 전파되어 구원받아야 할 주의 백성들이 다 돌아오면 주님이 다시 오실 것이다.

재림 신앙은 우리로 하여금 하늘나라 시민권을 가진 사람임을 확신시켜 줄 뿐 아니라 세상에서의 모든 고난을 이겨 낼 힘을 준다. 나를 데리러 다시 오실 예수님을 생각하면 가슴이 떨리고 설렌다.

그러므로 바울의 권면처럼 모든 사람에 대하여 덕을 세우며 화목한 삶을 살게 되는 것이다. "마라나타!"를 함께 외치며 서로 사랑하자.

Quiet Time

1. 당신은 예수님이 다시 오신다는 말씀을 의심 없이 믿는가?
2. 재림하실 예수님을 믿는 당신의 삶에는 어떤 변화가 일어나고 있는가?
3. 당신은 주님이 다시 오실 그날 주님을 맞이할 준비를 어떻게 하고 있는가?

국제제자훈련원은 건강한 교회를 꿈꾸는 목회의 동반자로서 제자 삼는 사역을 중심으로 성경적 목회 모델을 제시함으로 세계 교회를 섬기는 전문 사역 기관입니다.

양육리더가 꼭 알아야 할 5가지 원리

1판 1쇄 발행 2007년 2월 10일
2판 1쇄(12쇄) 발행 2022년 11월 9일

지은이 강명옥

펴낸이 오정현
펴낸곳 국제제자훈련원
등록번호 제2013-000170호(2013년 9월 25일)
주소 서울시 서초구 효령로68길 98(서초동)
전화 02)3489-4300 **팩스** 02)3489-4329
이메일 dmipress@sarang.org

저작권자 ⓒ 강명옥, 2007, Printed in Korea.
이 책은 저작권법에 의해 보호를 받는 저작물이므로 저자와 출판사의 허락 없이
내용의 일부를 인용하거나 발췌하는 것을 금합니다.

ISBN 978-89-5731-670-2 04230
ISBN 978-89-5731-672-6 04230(세트)

※ 책값은 뒤표지에 있습니다. 잘못된 책은 구입하신 곳에서 교환해드립니다.